AF565846

Markus Grünling

Von der Kunst, Neue Rituale zu feiern

Markus Grünling

Von der Kunst, Neue Rituale zu feiern

Was sie sind, was sie brauchen, wie sie gelingen

Patmos Verlag

VERLAGSGRUPPE PATMOS

PATMOS
ESCHBACH
GRÜNEWALD
THORBECKE
SCHWABEN
VER SACRUM

Die Verlagsgruppe
mit Sinn für das Leben

Die Verlagsgruppe Patmos ist sich ihrer Verantwortung gegenüber unserer Umwelt bewusst. Wir folgen dem Prinzip der Nachhaltigkeit und streben den Einklang von wirtschaftlicher Entwicklung, sozialer Sicherheit und Erhaltung unserer natürlichen Lebensgrundlagen an. Näheres zur Nachhaltigkeitsstrategie der Verlagsgruppe Patmos auf unserer Website www.verlagsgruppe-patmos.de/nachhaltig-gut-leben

Verlagsgruppe Patmos in der Schwabenverlag AG, Ostfildern
www.verlagsgruppe-patmos.de

Umschlaggestaltung: Finken & Bumiller
Satz: Schwabenverlag AG, Ostfildern
Druck: GGP Media GmbH, Pößneck
Hergestellt in Deutschland
ISBN 978-3-8436-1512-9

Inhalt

Einführung

Sprüh's an jede Wand …

Traditionelle Religiosität verblasst und verdunstet zunehmend. Im Leben von immer mehr Menschen spielt sie immer weniger eine wichtige Rolle. Mit der überlieferten Religiosität ist auch der Ort für viele – vielleicht die meisten – überlieferten Rituale im Schwinden begriffen. So ist eine Art Vakuum entstanden, denn das Bedürfnis nach lebensbegleitenden Ritualen ist unvermindert. Es hat sich sogar eine Sehnsucht nach Neuen Ritualen entwickelt, die nicht mehr unter der Hoheit der Kirchen stehen – nach niederschwelligen Zeremonien, die offen sind für jeden und jede, die sich an die jeweiligen persönlichen Umstände und Hintergründe anschmiegen, ohne dass Dogmatik oder Esoterik den Ton vorgeben. Und es gelingt. Entgegen manchen Vorurteilen erweisen sich Rituale als ebenso wandlungs- wie anpassungsfähig. Rituale sind durchaus dynamisch. Das waren sie schon immer.

Neu ist hingegen, dass sich in diesem Zusammenhang zum ersten Mal in der Geschichte ein eigenes Berufsbild entwickelt, das nicht mehr religiös geprägt ist: jenes einer Freien Theologin, eines Ritenmeisters, einer Zeremonienleiterin, eines Trauer- oder Hochzeitsredners bzw. einer Ritualdesignerin – allesamt erste, mehr oder weniger treffende Versuche, für dieses Neue eine Bezeichnung zu finden.

Schauen wir auf Deutschland, so lässt sich diese Entwicklung – die über reine Trauerredner:innen hinausgeht, deren

Ursprünge im säkularen Humanismus der Freimauer des 19. Jahrhunderts liegen – seit den 90er-Jahren des vergangenen Jahrhunderts beobachten. Was früher religiösen Spezialist:innen vorbehalten war, erlebt nun in gewissem Sinn eine Demokratisierung, parallel zur Demokratisierung der Gesellschaft. In den Mittelpunkt der Wahrnehmung und der Ritualgestaltung kommen dabei die Einzelnen in ihrer jeweiligen individuellen Lebenssituation.

In diesem Sinne werden auf den folgenden Seiten persönliche Einblicke in die Arbeit eines Selbstständigen Theologen / einer Freien Rednerin sowie in die Gestaltung und Durchführung von Neuen Ritualen gewährt. Folgende Punkte werden dabei beschrieben:

- Was ist eigentlich ein Ritual?
- Was braucht es für ein gelingendes Ritual?
- Worauf ist bei der Durchführung eines Rituals zu achten?
- Welche Situationen sind denkbar, bei denen ein Ritual begangen werden kann?
- Wie ›funktionieren‹ Rituale?
- Gibt es Voraussetzungen für die Leitung eines Rituals?
- Wohin werden sich die Neuen Rituale entwickeln?

Keiner, keine allein verfügt über einen derartigen Ein- und Überblick, dass er oder sie die ganze Spannbreite der Anforderungen und Erfahrungen abbilden könnte. Deshalb entstand dieses Buch in einem jahrelangen kollegialen Austausch über diese Fragen. Es möchte als Anstoß zu einem weiteren Dialog verstanden werden – mit allen, die Rituale begehen, in welchem Kontext auch immer. Möge es dazu inspirieren.

... Neue Rituale braucht das Land!

Ihre Meinung ist uns wichtig!

DIESE KARTE LAG FOLGENDEM BUCH BEI:

IHRE MEINUNG ZU DIESEM BUCH:

Einen Überblick über unser Gesamtprogramm sowie Beiträge zu vielen spannenden Themen finden Sie unter www.verlagsgruppe-patmos.de

MEINE E-MAIL-ADRESSE:

Ich interessiere mich für folgende Themen:

LEBE GUT
- Psychologie & Lebensgestaltung
- Religion & Spiritualität
- Lifestyle (Essen & Trinken, Garten & Natur)
- Geschenkbücher & Karten
- Kundenmagazin Lebe gut

THEOLOGIE

GESCHICHTE / LANDESKUNDE

Ja, schicken Sie mir zu den angekreuzten Themen Ihren halbjährlichen **Prospekt** mit allen Neuerscheinungen an meine Postadresse

Ja, schicken Sie mir zu den Themen Lebe gut, Theologie und / oder Geschichte / Landeskunde den jeweiligen **Newsletter** mit den aktuellen Neuerscheinungen und Veranstaltungshinweisen an meine E-Mail-Adresse

Auf dem labyrinthischen Weg

Schaut man sich die gebräuchlichen Bezeichnungen für jene an, die Neue Rituale durchführen, fällt einem Widersprüchliches ins Auge. Schon auf den ersten Blick passt vieles nicht zusammen. Was bitte soll das sein: ein ›Frei(beruflich-)er Theologe‹? Ist das nicht ein Widerspruch in sich? Und eine ›Freie Rednerin‹? Als ginge es bei einem Ritual vor allem um die Ansprache. Nicht besser wird es, wenn wir die Begriffe ›Zeremonienleiter:in‹ oder ›Ritualdesigner:in‹ betrachten: Lassen sich Rituale etwa designen? Oder besteht die Kunst eines Rituals vor allem in seiner Leitung? Offenkundiger Un-Sinn!

Andererseits klingen in all diesen unbeholfenen Bezeichnungsversuchen doch Elemente an, die ein Ritual ausmachen. Natürlich spielt in jedem Ritual Transzendenz eine wichtige Rolle, der Verweis auf anderes und Größeres als nur das Offensichtliche. Ebenso gehören zu einem Ritual eine klare Leitung, eine deutende Ansprache und der Versuch, es so an den Mitfeiernden auszurichten, dass die es verstehen und mitvollziehen können.

All diese Versuche einer Benennung umkreisen auf unterschiedlichen Bahnen eine Mitte, die sich nur schwer präzise definieren lässt: das Ritual. Zumindest dem Theologen kommt dies nicht unbekannt vor. Eine Grundvoraussetzung der Theologie (also der ›Rede von Gott‹) lautet: Alles, was sich von Menschen über Gott aussagen lässt, ist ihr/ihm mehr unähnlich als ähnlich …

Dementsprechend entwickelt sich auf den folgenden Seiten eine Annäherung an die Weiten und Untiefen des Rituals auf einem labyrinthischen Weg. Mal näher dran, mal weiter davon entfernt wird mit verschiedenen literarischen Mitteln die Mitte umkreist, umschrieben, zu berühren versucht. So, wie es besonders schön zu sehen ist beim Fußbodenlabyrinth in der Kathedrale von Chartres. Von Westen her kommend, lädt es dazu ein, auf dem Weg zum geosteten Chor, wo gemeinsam Mahl gefeiert wird, zuvor spielerisch dem Weg in die Mitte zu folgen.

Ein Labyrinth unterscheidet sich von einem Irrgarten: Es gibt nur *einen* Weg, der unfehlbar in die Mitte führt. Allerdings kann man schnell den Überblick verlieren in den vielen Windungen, immer wieder glauben, gleich am Ziel zu sein, um sich plötzlich wieder weit entfernt vorzufinden.

Ein Labyrinth stellt den größtmöglichen Umweg auf engstem Raum dar. In einem eher meditativen Umkreisen nähert man sich langsam, behutsam und in vielen Drehungen der Mitte, um die alles kreist. Der vorhandene Raum wird ausgeschöpft. Kein Umweg erweist sich als wertlos. Im Nachhinein zeigt sich alles als Teil eines Weges, der genau so zum Ziel führt.

Wer selbst einmal so ein Bodenlabyrinth begehen durfte, wird diese leiblich-spirituelle Erfahrung wie einen Schatz in sich tragen. In der Mitte angelangt, braucht es schließlich erneut eine Drehung, eine Umkehr, eine Art Neuwerdung, um – als eine andere, ein anderer – wieder hinauszugelangen.

Ein Labyrinth kann als Matrix, als Grundmuster für jegliches Ritual verstanden werden. Durch das Gehen – oder ursprünglich eher Tanzen – dieses verschlungenen Weges wird die leibhaft inszenierte Mitte in einem spürbar und wirksam.

Im Spannungsfeld entsteht Neues

Wie ist es – zum ersten Mal in der Geschichte – dazu gekommen, dass sich so etwas wie von religiösen oder ideologischen Vorgaben unabhängige Zeremonien entwickeln konnten? Noch dazu zuerst in Deutschland, Österreich und der Schweiz?

Man wird nicht fehlgehen in der Annahme, dass die Geschichte Deutschlands daran ihren Anteil hat, näherhin die nach dem Zweiten Weltkrieg erfolgte Teilung in Bundesrepublik und DDR sowie die atheistische Ausrichtung der Letzteren. Nach der Wiedervereinigung 1989 kamen die beiden Systeme und die Menschen, die darin groß geworden waren, zusammen und brachten ihre verschiedenen Erfahrungen, Überzeugungen und weltanschaulichen Prägungen mit. In diesem Spannungsfeld, einem Ökoton – einem Übergangsbereich mit hohem ›Artenreichtum‹ –, hat sich für alle viel verändert.

Kein Wunder, dass im Westen Deutschlands die ersten explizit nichtreligiösen Hochzeits-Zeremonien zu Beginn der 1990er-Jahre angefragt wurden. Während in der DDR schon jahrzehntelang – zumindest ›offiziell‹ – der atheistische Kommunismus eine Art Staatsreligion war, lösten und lösen sich nun auch im Westen immer mehr die überkommenen religiösen Tradierungen auf.

Zur Entstehung des neuen Berufes ›Frei(-beruflich)e Theolog:in‹ brauchte es also zum einen die entsprechende gesellschaftliche Entwicklung, zum anderen die wachsende Nachfrage nach Ritualen ohne einen wie auch immer gearteten weltanschaulichen Hintergrund. In Nachbarländern wie Frankreich, Italien, Spanien oder England greifen andere politisch-gesellschaftlich-weltanschauliche Gegebenheiten. Dort existieren – zumindest bis heute – keine Anbieter:innen unabhängiger Rituale in nennenswerter Zahl.

In Deutschland – und in der Folge im deutschen Sprachraum – gab es einerseits eine gesellschaftliche und kulturelle Umbruchsituation und andererseits genügend Menschen mit dem Bedürfnis nach Ritualen und der Bereitschaft, dafür auch Geld auszugeben. Oder anders gesagt: Rituale sind allem Anschein nach so überlebensfähig, dass sie sich jederzeit neuen Bedingungen anpassen können. Mensch zu sein und Rituale zu begehen gehört seit Anbeginn eng zusammen. Entgegen Voraussagen von Soziologinnen und Gesellschaftswissenschaftlern verflüchtigen sich zwar manche althergebrachten religiösen Formen und Inhalte, nicht aber die Sehnsucht der Menschen nach Transzendenz, nach einem ›offenen Himmel‹, nach etwas, was mitten in ihrem Alltag diesen überragt und auf etwas Größeres verweist, es inszeniert, fassbar und fühlbar macht.

Ein Teil dieser neuen, faszinierenden Bewegung zu sein, sich regelmäßig mit Kolleg:innen auszutauschen, durch die Begegnung mit Menschen aller Couleur und das gemeinsame Feiern von Ritualen ständig Neues zu lernen – all das bildet einen wesentlichen Ansporn für das, was ich auf den folgenden Seiten weitergeben möchte.

I. Grundlagen

Angesichts der Welt, wie sie sich uns darbietet, mag man sich fragen, ob es heute nicht drängendere Themen gibt, als sich mit Ritualen zu beschäftigen. Der Klimawandel macht sich unaufhaltsam bemerkbar, dem Artensterben ist scheinbar kaum noch beizukommen, Pandemien und Kriege halten die Erde fest im Griff. Fluchtbewegungen werden sich weltweit verstärken. Die globale Verbundenheit – im Guten wie im Schlechten – wie unsere Verletzlichkeit werden uns schonungslos vor Augen gehalten. Zugleich verstärken sich Ungleichheiten massiv: Reiche werden noch reicher, Arme noch ärmer.

Zweifellos befindet sich die Menschheit an einer wichtigen Schwelle. Und in Schwellensituationen haben sich Rituale über Jahrtausende als entscheidende Mittel zur Krisenbewältigung, als ›game changer‹, erwiesen. Sie ›verkörpern‹ die begründete Hoffnung, dass Neues möglich ist. Sie ermutigen dazu, nicht vorschnell die Flinte ins Korn zu werfen: Wir können Dinge ändern, hier und jetzt! Dieses Jahrzehnt wird für die Zukunft entscheidend sein, sagen viele Wissenschaftler. Neue Rituale können und werden dazu einen entscheidenden Beitrag leisten.

Glück und Herausforderung

Bevor wir uns in die Details von Feiern hineinbegeben, in all die kleinen und großen Fragen rund um die Gestaltung von Ritualen, ist es wichtig, sich zu vergegenwärtigen, womit wir es dabei ›eigentlich‹ zu tun haben. Die Beschäftigung mit und das Begehen von Ritualen beinhaltet zwei grundlegende Dimensionen, die einander nur auf den ersten Blick widersprechen: Sie können einen mit Sinn, ja Glück erfüllen, und zugleich fordern sie einen permanent heraus auf eine zwar unaufdringliche, aber dennoch unüberhörbare Weise.

Kein Wunder, dass sich immer mehr Menschen dafür entscheiden, als Redner:innen zu arbeiten. Oft erinnern ihre Erzählungen an religiöse Berufungsgeschichten: »Einmal bin ich auf einer Trauerfeier gewesen, die von einer Trauerrednerin gestaltet wurde. Davon war ich so tief beeindruckt, dass spontan der Wunsch in mir aufkam: So etwas will ich auch machen.«

Nach geraumer Zeit in einem sehr gut bezahlten Job im höheren Management bricht sich die Sehnsucht Bahn: »Was mache ich hier eigentlich? Ich höre jetzt auf damit, um das zu tun, was mir sinnvoll erscheint!« Entschlossen wird das Vergangene losgelassen, um sich dem faszinierend Neuen mit Haut und Haar zu widmen.

Trotz deutlich schlechteren Einkommens entwickelt sich schnell das sichere Gefühl des Angekommenseins: endlich bei etwas mitzuwirken, das für alle Beteiligten Sinn hat. Mit Menschen über die wirklich wichtigen Dinge in Austausch zu kommen, um dann auf kreative Art und Weise gemeinsam freie Rituale dafür gestalten zu können. Dazu kommen oft enthusiastische Rückmeldungen; es entstehen persönliche Verbindungen, man entwickelt überraschende Einsichten und Ideen, und eine sprudelnde Kreativität zeugt davon, am rechten Ort zu sein.

Das Andere, das Herausfordernde, zeigt sich erst mit der Zeit; ja, es bleibt oft genug wie im Untergrund verborgen, schwingt nur sachte mit wie ein Unterton, der sich zu Beginn leicht überhören lässt. Erst nach und nach schälen sich die dabei zugrunde liegenden Fragen deutlicher heraus. Wer mit Ritualen bei den Lebenswenden zu tun hat, wird immer neu mit den großen Fragen des Menschseins konfrontiert: Woher kommen wir? Wohin gehen wir? Wofür lohnt es sich zu leben angesichts von Tod und Endlichkeit? Wie sieht es aus mit der ›großen Liebe‹? Wie mit der Chance auf einen Neubeginn, wie mit dem eigenen Kindsein?

Dem eigenen Fluchtreflex standhalten

Beinahe automatisch, wie von selbst und traumwandlerisch gehen wir Ritualbegleiter:innen diesen Fragen – mehr oder minder geschickt – aus dem Weg. Nicht ohne Grund, denn sie können ein Leben verändern. Und dennoch bestimmt unser Verhältnis zu diesen Fragen unser Sein. Ob man sie abqualifiziert, sie lächerlich macht, sie unterdrückt, wie man sie angeht und zu beantworten sucht, bestimmt die Weise, wie man lebt.

Drei klassische Wege der Ausflucht zeigen sich. Der erste und wohl vertrauteste ist die Flucht in die Arbeit: Es gibt immer was zu tun. Je mehr Arbeit, desto besser. Die ständige Ablenkung hält einen galant davon ab, sich jenen unangenehmen Fragen zu stellen. Paradoxerweise hilft auch das ständige Feiern von Ritualen, sich vor den darin abzeichnenden Herausforderungen abzuschirmen.

Als zweite Fluchtmöglichkeit bietet sich eine gut geölte Professionalität an, durchaus gemischt mit einer oberflächlichen Zugewandtheit und Freundlichkeit. Trauerfeiern, Geburtsfeste, Hochzeiten werden ebenso routiniert wie professionell abgespult, abgearbeitet, bewältigt. Die eigene Persönlichkeit, die eigene Betroffenheit hält man scheinbar professionell – ›zu viel Nähe ist ungut‹ – heraus.

Daraus entwickelt sich dann zu guter Letzt eine Art ›innerer Hornhaut‹ wie bei einem Fuß, der sich an einen zu engen Schuh gewöhnt: anfangs mit Schmerzen, aber dann ist es schon okay. offensichtlich unberührt und ungerührt werden entscheidende Lebenswenden abgewickelt und so eigentlich abgewertet. Natürlich spüren alle Beteiligten eine solche ›professionelle Deformation‹, das innere Auf-Abstand-Halten, welches sich unmerklich ebenso auf die eigene Person wie auf die Feiern auswirkt.

Was lässt sich dagegen tun? Es hilft bereits, sich der Problemlage bewusst zu sein. Sich das immer wieder sagen zu lassen und es neu zu sagen. Ein zweiter wichtiger Schritt wird darin bestehen, sich in regelmäßigen Abständen aus den Abläufen herauszunehmen, Pausen einzulegen, um mit einem gewissen Abstand auf einen selbst und die eigene Arbeit schauen zu können. Zwei Fragen sind dabei leitend: Was mache ich mit den Menschen und wie feiere ich Rituale? Sowie: Was machen die Menschen und Rituale mit mir? Dazu wird drittens ein regelmäßiger Austausch mit Kolleg:innen gehören, der über den üblichen Smalltalk hinausgehend, die oben angedeuteten Fragen klar anspricht und sich ans ›Eingemachte‹, ans Persönliche heranwagt.

Je mehr Muße, je mehr Auszeiten, je mehr Pausen man sich selbst gönnt, desto eher steigen die Chancen, ein wenig von dem zu erhaschen, was sich so leicht – nicht zuletzt vor einem selbst – verbirgt. Die Kraft, die man darin investiert, wird sich in der Kraft der Feiern direkt widerspiegeln.

Zusammenfassung

Das Feiern von Ritualen hält zwei Überraschungen bereit: Es kann tief glücklich machen, zufrieden und geborgen. Und es stellt einen zugleich ständig in die großen Fragen des Menschseins hinein: Was kann ich wissen? Was soll ich tun? Was darf ich hoffen? Sprich: Was ist der Mensch? Das ist eine philosophische, eine transzendentale – eine über das Übliche hinausweisende –, eine im weitesten Sinn theologische Frage. Eine Frage, der man beinahe automatisch ausweicht, weil sie alles Übliche unbarmherzig hinterfragt, einen verunsichert, Grundhaltungen demaskiert, indem sie einen dem »großen Ganzen« aussetzt.

Will man nicht in einer ›professionellen Gleichgültigkeit‹ erstarren, rigide und kalt werden, muss man diese Fragen immer neu an sich heranlassen und sich ihnen stellen. Damit das gelingen kann, braucht es Abstand, Distanz von dem, was man tut, wie von einem selbst. Als beste Form des Abstands erweist sich die Pause, die regelmäßige Unterbrechung, ein Leben mit Muße. Um dann mit Kolleg:innen in ein offenes und ungeschütztes Gespräch darüber zu kommen, was einen im Tiefsten umtreibt und wie einen das formt.

Was ist das eigentlich, ein Ritual?

In den letzten Jahrzehnten wurde und wird immer mehr Wissen über Form, Struktur und Wirkweise von Ritualen angehäuft. Ohne dass jedoch exakt zu bestimmen wäre, was denn ein Ritual genau ist …

So stoßen wir gleich zu Beginn auf einen seltsam funkelnden Widerspruch. Trotz (oder vielleicht auch wegen) der Menge verschiedener Ansätze, um auf so ein Gebilde zu schauen, lassen sich keine eindeutigen Antworten finden. Nehmen wir ein Ritual psychologisch, sprachlich, politisch, religionswissenschaftlich, von der Menschen- oder von der Völkerkunde her bzw. aus der Perspektive von Macht oder Angst unter die Lupe – stets kommt man zu anderen Schlüssen. Manche Ergebnisse ergänzen einander, aber vieles bleibt widersprüchlich. Dabei gab und gibt es ganze Forschungsbereiche an Universitäten, die fächerübergreifend versuchen, diesem Geheimnis näherzukommen. Und doch verhält es sich damit wie mit dem nassen Stück Seife in der Badewanne: Je fester der Zugriff, desto sicherer flutscht sie in die andere Ecke.

Was einen zuerst verärgern kann – wer schätzt nicht Klarheit und eindeutige Definitionen? –, mag sich mit der Zeit als ein nicht zu unterschätzender Vorteil erweisen. In einer Welt des Eindeutigen stoßen wir auf ein Vieldeutiges. In einer immer stärker von der Wissenschaft geprägten und geformten Welt findet sich im Ablauf eines Rituals ein »Anderes«. Zwar bauen wir unsere Welt auf Widerspruchsfreiheit und Logik – aber wir sehnen uns doch, wie verborgen auch immer, nach dem Geheimnis. Um es mit Hölderlin auszudrücken: »Verschiedenes ist gut!«

Um hier gleich einem Missverständnis zu wehren: Damit wird in keiner Weise das Denken, das Nachsinnen, die wertvollen Einsichten der Wissenschaften geschmälert oder angezweifelt. Wer schwurbelnde Esoterik sucht, ist hier fehl am Platz.

»Wer redet, weiß nicht, wer weiß, redet nicht.«

(aus dem Zen-Buddhismus)

Es wird allein behauptet, dass das Geschehen eines Rituals niemals ganz einzufangen sein wird. Weder von den verschiedenen wissenschaftlichen Disziplinen, die sich damit auseinandersetzen, noch von Praktiker:innen, die Rituale anleiten, oder von Menschen, die darüber in aller Muße nachsinnen. Die Magie eines Rituals vermag uns heute noch genauso in den Bann zu ziehen wie ehedem.

Offene Symbolhandlung

Fragen wir uns, woran diese Eigenschaft einer gewissen Unschärfe liegen mag, stoßen wir zunächst auf die Verwendung von ›Zeichen‹ bzw. Symbolen. Das griechische Wort *sym-ballein* lässt sich mit *zusammenwerfen* übersetzen. In einem Ding schimmert etwas anderes auf. Etwa in einem Wort, das zum einen aus einem Klangkörper besteht, aber darüber hinaus eben auch eine oder mehrere Bedeutungen in sich birgt – je nach Art der Aussprache, nach dem Ort des Sprechens, nach der Tages- oder Jahreszeit. Nehmen wir das Element Wasser, das neben der Bedeutung als Quelle des Lebens und der Lebendigkeit immer auch – und zwar zugleich! – die Gefahr des Todes durch Untergehen und Ertrinken in sich birgt.

Werden nun Worte mit Zeichen in einer bestimmen Handlungsabfolge verbunden – um eine erste, rein formale

Bestimmung für ein Ritual zu skizzieren –, so beginnen verschiedene Dimensionen zu oszillieren, hin- und herzuschwingen. Oder für die eher Physik-Affinen formuliert: Wie bei der Unschärferelation von Heisenberg – Elektronen verhalten sich je nach Beobachtungsweise einmal als Partikel und ein anderes Mal als Welle – ergeben sich auch bei der genaueren Untersuchung von Ritualen widersprüchliche Ergebnisse, die sich nicht zu einem einheitlichen Bild zusammenfügen lassen.

Genau dies aber bietet die Chance, viele verschiedene Sichtweisen einzubringen, einen weiten Raum zu öffnen, um miteinander ins Gespräch zu kommen. Diese unbestimmt-offene Grundstruktur von Ritualen weist eine verblüffende Ähnlichkeit mit Lyrik und Poesie auf. Denn auch dort wird ja das Wort in einen je neuen Zusammenhang gesetzt, eröffnen sich neue und bisher unbekannte Räume zwischen Schweigen und Sprache, zwischen Staunen und Verstummen.

Erste Annäherung

Darüber hinaus sind Rituale eng verschwistert mit dem Spiel – mit Leichtigkeit also, mit Überraschung, mit Sich-Bewegen, mit einem Sich-selbst-Vergessen, mit dem Vergessen von Zeit, mit Gesang und Lachen. Die Magie des Rituals zeigt sich also nicht zuletzt in seiner Unbegreiflichkeit, in seinem Geheimnis – das wir wohl umkreisen, aber nicht ergründen können.

»Worüber man nicht sprechen kann, darüber muss man schweigen«, schrieb einst ebenso konsequent wie eloquent Ludwig Wittgenstein in seinem *Tractatus logico-philosophicus*. Wir hingegen wollen reden, wohlwissend, dabei nicht zu einem letzten Verstehen oder gar zu eindeutiger Erkenntnis vorstoßen zu können. Doch schon allein die schillernde Verschiedenheit der gewonnenen Erfahrungen macht Spaß und lädt ein zum Tanz.

»Eine Stimme flüsterte mir letzte Nacht zu: Es gibt keine Stimme, die nachts flüstert!«

(Haidar Ansair)

Hier folgt nun eine erste Annäherung an die Frage, was denn ein Ritual bedeuten mag. Zwei tastende Antwortversuche von Praktiker:innen, die seit Jahrzehnten Rituale nicht nur anleiten, sondern darüber nachdenken und miteinander in einem stetigen Austausch sind:

> *»Ein Ritual fühlt sich für mich – mit den Jahren, mit meinem Wissen wie meinen Erfahrungen – immer mehr an wie eine Art eigenes ›Lebewesen‹, wie etwas Lebendiges. Will sagen, nicht wir ›machen, feiern, begehen‹ ein Ritual, geschweige denn, dass jemand allein ein Ritual inszeniert, sondern es verhält sich meiner Meinung nach genau umgekehrt: Nicht wir machen das Ritual – das Ritual macht etwas mit uns!*
> *Es zeigt sich mir wie ein ›Hochenergiefeld‹, das wir gemeinsam betreten, vielleicht sogar ausspannen, aber sicher weder beherrschen noch lenken können. Ein Ritual entwickelt sich aus sich selbst. Es entwickelt sich selbstständig, autonom, folgt eigenen Gesetzen und Wirkkräften.*
> *Nach der Feier eines Rituals spüre ich das deutlich an einem klaren Spannungsabfall. Sich ›im Raum eines Rituals zu bewegen‹ kostet Kraft, Energie,*

Konzentration. Man bezahlt seinen sehr persönlichen Preis dafür. Ab einer gewissen Anzahl von Feiern dieser Art muss ich daher gut auf mich aufpassen, damit ich mich nicht verliere.
Noch immer – nach Jahrzehnten der Übung und der Praxis – flößen mir Rituale Achtung ein. Ich erlebe sie als mächtig und kraftvoll, als fähig zu verändern. Daher suche ich nur behutsam ihre Nähe und in wie nach jeder Feier zugleich einen wirksamen Schutz.«

»Spreche ich im eigentlichen Sinne von einem ›Ritual‹, dann meine ich nicht irgendwelche Alltagsrituale wie ›Aufstehen und Zähneputzen‹ oder ›Kaffee um halb vier‹. Auch das sind natürlich Rituale, die als solche durchaus ihren Platz und ihren Sinn haben.
Rituale im eigentlichen oder engeren Sinne sind für mich eher so etwas wie ›Alltagsliturgie‹; will sagen, es handelt sich um Gesten, Worte und/oder Handlungen, die auf eine andere, tiefere, dahinter liegende, aber eben ungreifbare Wirklichkeit deuten. Sie stellen eine Verbindung zu dieser ›anderen‹ Wirklichkeit her. Diese ist keine eigene, getrennte oder losgelöste Wirklichkeit, sondern es handelt sich hierbei um eine tiefere Dimension dieser unserer (einzigen) Wirklichkeit, in der wir leben. Wenn wir beispielsweise von ›Liebe‹ sprechen, dann meinen wir damit nicht etwas, was losgelöst ist von dem, was wir konkret und alltäglich erleben; zugleich ist es aber nicht deckungsgleich mit der

empirischen Realität. Rituale in diesem Sinne sind also Deutung wie Vollzug dieser anderen, tieferen Dimension.«

Zusammenfassung

Durch rituelle Handlungen werden Zeiten strukturiert, Übergänge gestaltet, Gruppen gebildet, Macht demonstriert, Menschen geformt, Religionen gebildet und ausgedrückt. Was aber nun genau ein Ritual ist, lässt sich nicht so einfach formulieren. Vielleicht so weit: Seit es Menschen gibt und so lange es Menschen gibt, werden sie sich in Ritualen ausdrücken, sich darin finden, sich geborgen oder ausgegrenzt fühlen. Mensch zu sein und Rituale zu begehen hängt untrennbar zusammen. Es handelt sich um mächtige Strukturen, die zum Guten wie zum Schlechten hinlenken können.

Voraussetzungen für ein gelingendes Ritual

Wenn das nur so einfach zu sagen wäre … Leider – oder dem Himmel sei Dank? – lässt sich kein Rezept finden, an dem frau/man sich entlanghangeln könnte, um am Ende zu einem befriedigenden Resultat zu kommen. Wer über viele Jahre mit Ritualen aller Art zu tun hat, ahnt, wovon die Rede ist.

Einmal stimmt anscheinend einfach alles. Die beste Vorbereitung, ein toller Ort, offene Mitfeiernde, eine erwartungsfrohe Runde, viele, die begeistert mitmachen, dazu ein perfekter roter Faden samt einem stimmigen Symbol plus eine ebenso tiefe wie hinreißende Rede … und dennoch will der Funke nicht zünden, kommt das Ritual nicht ins Rollen.

Das andere Mal schon im Vorhinein ein beißendes Gefühl des Ungenügens, kritische Blicke, misstrauisch abwartende Gäste, ein unerwarteter Regenschauer samt einem furchtbar schlecht strukturierten Ritualort mit erbärmlicher Musik … aber da entwickelt sich unversehens und anscheinend aus dem Nichts ein Ritual, das alle mitreißt und in die Tiefe geht, sodass man sich anschließend verwundert selbst in den Arm kneift.

»Ach wie gut, dass niemand weiß …«
(Rumpelstilzchen)

Woran das liegen kann? Natürlich lässt sich nach Jahren der Erfahrung manches besser einschätzen, aber eine Garantie für ein Gelingen liegt darin nicht. Auch wachsende Transparenz, eine fortschreitende Durchsichtigkeit der eigenen Persönlichkeit, mit der hauptsächlich gearbeitet wird, kann helfen – muss es aber nicht. Es spielen so viele verschiedene, nur bedingt beeinflussbare Elemente hinein, so viele verschiedene Menschen und Erwartungen, dass man sich dem Wagnis eines Rituals immer neu aussetzt, ohne im Vorhinein wissen zu können, wohin es sich diesmal entwickeln wird. Es handelt sich stets um einen offenen Prozess, eine unabsehbare Dynamik, eine unterseeische Drift, um zwischenmenschliche Strömungen, die sich weder steuern noch voraussehen lassen.

Ist also eh alles egal? Haben wir damit einen Freifahrschein in der Hand, dass jede und jeder einfach ein Ritual zu leiten vermag? Hineinschlappt, wie es gerade gefällt, um dann mal zu schauen, wohin sich die Dinge entwickeln? Ganz im Gegenteil!

Da Rituale so komplexe Gebilde darstellen, ist es mehr als notwendig, um die Grundlagen zu wissen, Anfängerfehler zu vermeiden, um so die Chancen zu erhöhen, dass sich die Dynamik eines Rituals frei und konstruktiv entfalten kann. Umgekehrt gilt es sich ebenfalls davor zu hüten, mit den Jahren oder gar Jahrzehnten der Erfahrung zu meinen, nun alles zu wissen und damit den Elan zu verlieren, sich einem Ritual stets neu, frisch, vorsichtig und behutsam anzunähern.

Die Eigendynamik eines Rituals lässt sich schlicht nicht einfangen, weder mit wachsendem Wissen noch mit jahrelanger Erfahrung. Dies einzusehen und sich einzugestehen, macht bescheiden, grenzt die eigene Rolle ein, entlastet aber auch von dem Druck, als käme es allein auf den Leiter / die Leiterin eines Rituals an.

Das (Vor-)Gespräch

Bei einem Eisberg befinden sich sieben Achtel seiner Masse unter der Wasseroberfläche und nur ein Achtel lugt darüber. So verhält es sich auch mit dem Vorgespräch sowie der daraus resultierenden Beziehung und dem ›eigentlichen‹ Ritual. Ein aufmerksames Gespräch bzw. mehrere Gespräche und die sich daraus entwickelnde Beziehung bestimmen mindestens sieben Achtel einer Zeremonie.

»Seit ein Gespräch wir sind …«
(Friedrich Hölderlin)

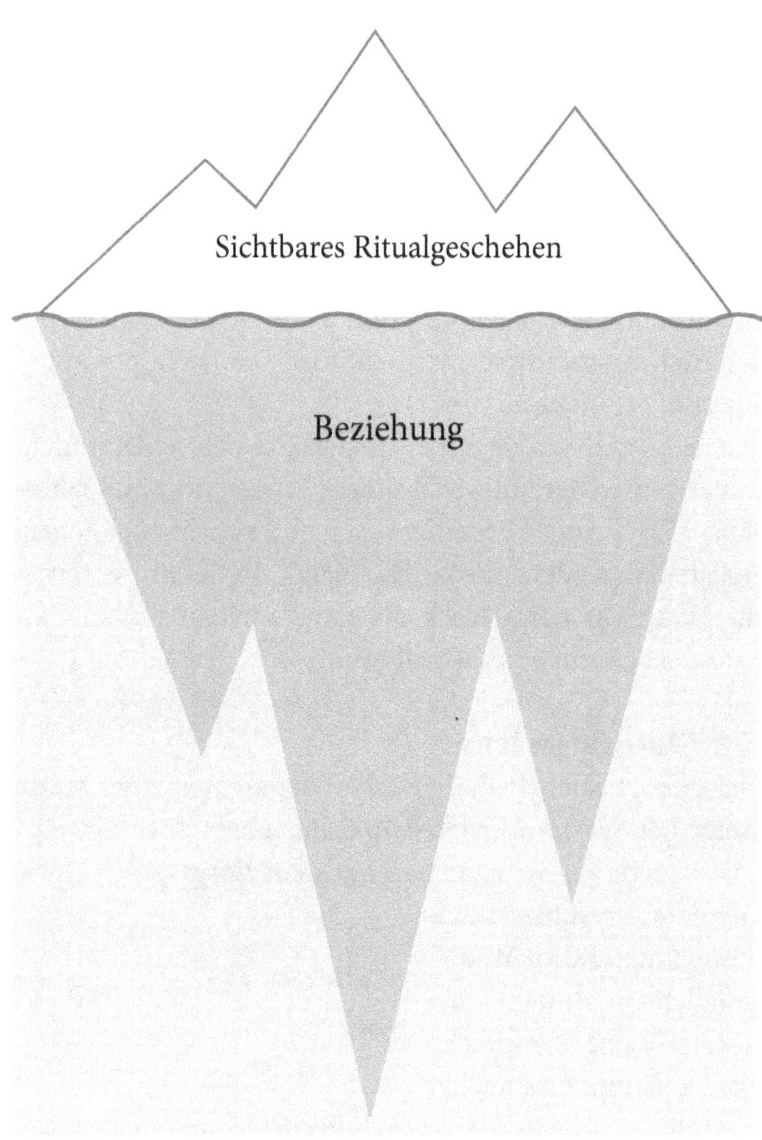

Das ›Eisberg-Modell‹: Was ein Ritual ausmacht, ist überwiegend die Beziehung zwischen den Beteiligten und nur zu einem kleinen Teil der konkrete Vollzug.

Seit einigen Jahrzehnten verdienen Menschen in Amerika nicht wenig Geld damit, dass sie anbieten, anderen ›einfach‹ zuzuhören. Wohlwollend, ab und an nickend, aber ohne jeden Kommentar, ohne jeglichen Einwurf, ohne Gegenrede oder Dazwischenquaken … Zuhören – aufmerksam, gelassen, unabgelenkt –, das wird, so scheint es, immer mehr zu einer vergessenen Kunstform. Nur noch wenige Spezialist:innen mit jahrelanger Ausbildung wagen sich auf dieses glatte Parkett: Therapeut:innen, Psycholog:innen, Seelsoger:innen.

Wo liegt die Schwierigkeit? Wieso erscheint es so schwer, ja fast unmöglich, ›einfach da zu sein‹? Mit der eigenen Geschichte, der ganzen Person, dem persönlichen Hintergrund wie der momentanen Gestimmtheit? Das erfordert mehr Mut, als es auf den ersten Blick scheint, denn es braucht Wissen um einen selbst und die eigenen Schattenseiten. Es braucht Konzentration und Kraft, um gelassen präsent sein zu können: offen für das Hier und Jetzt, so aufmerksam und gegenwärtig wie möglich. Mehr noch als Augen, Ohren, Nase und Intuition ist die Persönlichkeit gefragt, mit jeder Faser ihres Gewordenseins.

Gar nicht so selten liegt der Schwerpunkt eines Gesprächs, die unsichtbare Mitte eines Austauschs, um die sich alles dreht, im Ungesagten, ja im Unsagbaren. Mag sein, dass sich das Wesentliche den Worten entzieht. Vielleicht soll etwas verborgen oder geschützt bleiben. Eventuell sind Eindrücke noch zu frisch, zu nah oder zu persönlich …

Worauf also achten? Aufs Schweigen. Auf die kleinen Gesten. Auf den Blick. Auf die leisen Seufzer oder ein verstohlenes Lächeln. Neben, unter, zwischen der verbalen

Kommunikation – dem Austausch von Worten – werden nonverbal wesentliche Botschaften gesendet.

Über das Erzählen

Gleich, ob es sich um ein Gespräch anlässlich einer Geburt, einer Hochzeit oder eines Todes handelt: Immer wird durch das Erzählen die jeweilige Situation neu gegenwärtig, spürbar im Hier und Jetzt. Kein Wunder, dass vor manchen Gesprächen, noch dazu mit einer fremden Person, Befangenheit oder Angst spürbar wird.

Denn immer schwingen zwei Grundtöne mit: Da ist der helle Ton der Freude über einen neuen Menschen; der Jubel über das Gefundenwordensein angesichts der Liebe; die Dankbarkeit, einem Menschen nahe gewesen zu sein beim Tod. Zugleich klingt ein dunklerer Ton an: die ausgestandenen Schmerzen bei einer Geburt samt der anstehenden Neuorientierung einer Beziehung; die Ablösung aus der Herkunftsfamilie bei einer Hochzeit; der Schmerz und die Trauer über den Tod.

Beide Grundtöne prägen das Gespräch, je nach Situation in anderer Gewichtung. Findet das Gespräch in die Tiefe, kommt gegenseitiges Vertrauen auf, gelingt es, in das offene Feld eines echten Austauschs vorzustoßen, so bewirkt allein das Erzählen eine erste Veränderung bei allen Beteiligten. Eltern werden sich des Wunders wie des Wagnisses einer Geburt neu und tiefer bewusst. Ehepaare lernen frisch zu staunen über ihre eigene, unglaubliche Liebesgeschichte wie über den vor ihnen liegenden Weg einer eigenen Paarbeziehung. Trauernde gehen weinend wie lachend behutsam erste Schritte auf dem Weg des Loslassens und erinnern sich in schmerzlicher Dankbarkeit an das Vergangene.

Besonders in emotional aufgewühlten Seelenlagen verwirbeln Gedanken und Erinnerungen. Es braucht Nähe, Wärme, Verständnis und Einfühlungsvermögen sowie ausreichend Zeit, um vorhandene Schutzschichten zum Schmelzen zu bringen.

So ergibt sich nicht selten die Situation, dass am Ende von Gesprächen, schon beim Aufstehen oder bei der Verabschiedung an der Tür, die entscheidenden Worte fallen. Wie die Begrüßung, so ist auch die Verabschiedung eine Schwellensituation, bei der sich häufig außerhalb des Gewohnten Räume öffnen für das Unerwartete.

Das Gespräch bei einer Willkommensfeier

Obwohl es sich bei der Feier der Geburt eines Babys bzw. der Willkommensfeier für ein vielleicht schon größeres Kind stets um einen frohen Anlass handelt, lohnt es sich auch hier, genau hinzuhören. Manchmal kommt ein Kind eher unerwartet, manchmal heißersehnt, manchmal errungen, gelegentlich sehr schmerzhaft. Oft scheint eine Geburt direkt im Zusammenhang mit einem Todesfall zu stehen: »Vor ein paar Wochen ist die Oma gestorben und nun wissen wir gar nicht, ob bzw. wie wir die Geburt unseres Kindes feiern können oder dürfen.«

Immer aber wird neben der Dankbarkeit für das Wunder eines neuen Lebens auch die Veränderung für die Eltern und die Familien im Zentrum stehen, manchmal auch die Gefahren der Geburt, die Mutter wie Vater an den Rand bringen können. So klein ein Kind auch sein mag – es wird die Beziehung seiner Eltern enorm durcheinanderwirbeln.

Das Gespräch bei einer Hochzeit

Das Ideal einer romantischen Liebe, ja deren Überhöhung ins quasireligiöse und Allein-Heilbringende, sowie der Druck auf die Paare, mit anderen Hochzeiten mindestens mitzuhalten, stellen den Hintergrund aller Traugespräche dar, ob man darum weiß oder nicht. Demgegenüber die eigene Beziehungsgeschichte zu erzählen und zu würdigen, fällt vielen Paaren gar nicht so leicht. Gegen alle ›Eventisierung‹ der großen Liebe, gegen allen Marktdruck und Konkurrenzideen – »unsere Trauung muss besser sein als die von …« – muss behutsam und beharrlich ein Raum freigelegt werden, um vom Eigentlichen sprechen zu können.

Denn es geht um so viel mehr, als sich selbst bewundern und an einer ›coolen location‹ feiern zu lassen. Der Abschied vom Singleleben und/oder vom Elternhaus will benannt und klar markiert sein. Die Dankbarkeit, den Partner, die Partnerin fürs Leben gefunden zu haben, will authentisch zum Ausdruck gebracht werden. Ein persönliches Trauversprechen zu entwerfen, Worte zu finden für die erfahrene Liebe, das Engagement dafür auszudrücken, braucht Muße, Zeit und Kraft. Heiraten macht (man nicht nur zum) Spaß …

Das Trauergespräch

Vor jedem Trauergespräch tut man gut daran, einige Minuten innezuhalten, um sich in die Stille einzustimmen. Hier ist jemand gestorben. Für immer gegangen. Egal, wie alt oder jung der/die Tote auch sein mag. Es hilft, sich der eigenen Toten zu erinnern – der Freunde, der Eltern, um erst dann an der Tür zu klingeln. Der Besuch im Haus der Trauernden erfolgt nicht allein aus Respekt oder um die Trauernden im geschützten Raum des eigenen Heimes zu belassen. Vielmehr zeigt sich in der Art des Wohnens viel von den Bewohnern. Einrichtungsgegenstände, Bilder, Bücher, CDs, Gerüche formen eine Atmosphäre, eröffnen einen ersten Zugang.

Dabei steht die Erlangung von Informationen völlig im Hintergrund; vielmehr wird versucht, mit den Angehörigen in einen Gesprächsfluss zu kommen. Da gibt es nichts, was nicht interessant wäre. Im Gepäck braucht man reichlich Zeit samt einem Vorrat an Geduld. Hinhören, was den Menschen ausgemacht hat – neben der Erzählung von Krankheit und Sterben im engeren Sinn. Wofür schlug das Herz, was war ihr wichtig, wofür hat er gebrannt? Gibt es typische Familiengeschichten, vielleicht sogar lustige? Lachen und Weinen werden dabei oft Hand in Hand gehen.

Zu Beginn gilt es jegliches Organisatorische konsequent beiseitezuwischen, um zuerst dem Emotionalen, der Trauer wie einem weit schwingenden Erzählen Raum zu schaffen. Ein gelungenes Trauergespräch bedeutet zuerst Seelsorge. Erst ganz weit hinten am Horizont bedeutet es ›Organisation einer Trauerfeier‹.

Zusammenfassung

Jedes Ritual basiert auf einer gründlichen Kenntnis der Umstände, des Hintergrunds, des Zwecks bzw. des Anlasses für die Zeremonie. Wird das in einem Gespräch bzw. mehreren Gesprächen geklärt, erfordert dies Präsenz. Dabei geht es nicht zuerst um erlernbare Kommunikationstechniken oder eine bestimmte Art der Gesprächsführung. Vielmehr wird Offenheit gefordert, sich mit seiner ganzen

Person und der eigenen Geschichte – samt deren hellen wie dunklen Seiten – auf das konkrete Gegenüber, auf diesen Moment einzulassen. Gelingt dabei eine tragfähige Verbindung, wird sie zur eigentlichen Basis des Rituals, die dieses erst ermöglicht, trägt und wirksam macht. Gerade Menschen, die lange Jahre in diesem Feld tätig sind, sollten sich stets neu klar machen und ins Herz schreiben lassen, dass es Ausnahmesituationen sind, in denen sie den Menschen begegnen: immer einmalig, immer anders, immer verletzlich, oft mit Scham und Angst besetzt.

Der Raum

Was einen Tag für Tag umgibt, wird schnell zum Gewöhnlichen, zum Gewohnten eben und damit leicht übersehbar. Wenn von Ritualen gesprochen wird, wird der konkrete Raum, in dem sie sich abspielen, meist wenig bedacht. Je nachdem aber, wie dieser Ort strukturiert ist bzw. geformt wird, entwickeln sich Rituale auf je andere Weise. Sie verlieren oder gewinnen an Kraft, beziehen die Mitfeiernden wahrnehmbar mit ein oder lassen sie als bloße Zuschauer außen vor oder weisen sie gar ab.

»Halt an, wo läufst du hin? Der Himmel ist in dir!«
(Angelus Silesius)

Wir Menschen bewegen uns im Raum und leben im Raum. Die zusammenstehenden Augen vorn am Kopf weisen uns als Jäger aus, die nach hinten gerichteten Ohren als Beute. Strecken wir unsere Arme aus, haben wir die vier Richtungen des Raumes um uns: vorn und hinten, rechts und links. Dazu ragt unser Kopf nach oben. Wir bewegen uns ständig in einem räumlichen

Koordinatennetz. Neuere Untersuchungen legen nahe, dass Rituale weniger durch emotionale Beteiligung, Ergriffenheit, Übereinstimmung mit etwaigen Inhalten, durch eine zu Herzen gehende Rede oder überwältigende Stilmittel wirken, sondern schlicht über die körperlich-leibliche Anwesenheit.

Nehmen wir als Beispiel eine politische Versammlung. Allein durch meine Teilnahme erhöhe ich die Zahl der Anwesenden; so verstärkt sich der Eindruck der Zustimmung und damit die Wirkung des Treffens. Meine persönliche Meinung zu den Inhalten tritt demgegenüber völlig zurück. Selbst ein möglicher Protest dagegen verstärkt eher deren Wirkung. Das einzig wirksame Gegenmittel besteht darin, nicht teilzunehmen oder eine andere Veranstaltung zu besuchen bzw. zu organisieren.

Heilige Räume

Blicken wir auf die ältesten Räume, von denen wir wissen – etwa den Göbekli Tepe in der heutigen Türkei, die Pyramiden in Ägypten, Stonehenge in England oder die steinzeitlichen Tempelanlagen auf Malta –, fällt es einem wie Schuppen von den Augen: Das sind allesamt Rituałräume!

Wurden schon zu Beginn der menschlichen Geschichte Höhlen, Felsüberhänge oder besondere Landschafts- oder Felsformationen (etwa der Uluru in Australien) als Kultorte benutzt, so schuf sich der Mensch spätestens ab 10.000 vor unserer Zeitrechnung eigene Orte, um Rituale zu begehen. Einer der größten erhaltenen antiken Tempel wird noch heute als Ritualort genutzt.

Im Pantheon

Sonntagmorgen in Rom. Auf dem Weg zum Pantheon. Vor dem Eingang ein Wächter: »Ecco un servizio de chiesa! – Hier findet ein Gottesdienst statt!« – »Si, lo sappiamo! – Ja, deswegen sind wir hier!« Er mustert uns kritisch. Dann winkt er uns durch.

Drinnen erfrischende Kühle für ein Häuflein von etwa 20 Personen. Wir befinden uns im größten erhaltenen Monument des antiken Rom mit einer Kuppel von unglaublichen 43,30 Metern Durchmesser und dem Opaion, dem ›Rauchloch‹ oben, von immerhin noch neun Metern Durchmesser. Allerfeinste raffinierte römische Baukunst, über Jahrtausende unübertroffen allen Anstrengungen der Päpste im barocken Rom zum Trotz – nicht einmal der Petersdom mit so genialen Erbauern wie Bramante, Michelangelo oder Bernini schaffte es, diese Kuppel zu toppen.

Während sich die Gelehrten streiten, ob es ein Tempel zur Verehrung der sieben Gestirnsgötter gewesen sei, ob es ein Prunkbau der Kaiserforen war oder der Verherrlichung der julianischen Familie diente, hören wir die krächzende, von unzähligen Whiskeys und Zigarren raue Rabenstimme des Pastors.

Unsere Augen jedoch folgen unwillkürlich der geschwungenen Kuppel hin zum offenen Himmelsauge. Über uns der blaue römische Morgenhimmel. Nur ab und an zieht in majestätischer Gelassenheit eine weiße Wolke vorüber. Hier ist der Himmel

offen. In diesem phantastomatischen Rundbau fühlt man sich wie im Himmel. Hier ist gut sein. Die verborgene Kugelform des Gebäudes rundet einen ab, zentriert und weist einem einen Platz im Kosmos zu. Der mit buntem Marmor verzierte, zur Mitte hin leicht geneigte Boden trägt einen und das leuchtende Auge über einem erhellt den Tag. Kein Wunder, dass dieser Bau so vielen als Vorbild diente: von der Hagia Sophia in Konstantinopel über viele Moscheen zum Kapitol in Washington bis zum Invalidendom in Paris.
Nach dem Öffnen der Tore strömen Hunderte Touristen, die schon ewig Schlange stehen, lärmend in die Rotunda. Nach einem letzten staunenden Blick in die Runde lassen wir uns herausspülen in einen neuen römischen Tag. Über uns und in uns ist der Himmel offen.

Räume beeindrucken ohne Worte; sie lösen etwas in einem aus, das weit tiefer reicht als unser Bewusstsein. Jede erhöhte Plattform, jeder Chefsessel im Gegenlicht, jede Bühne spricht davon Bände. Dies – nicht etwa ein beliebiges Bauen von Nutzbauten – ist die Ursprungsaufgabe jeder Architektur: Räume zu schaffen, die überwältigen, bannen, einbeziehen, den einen klein, die andere groß werden lassen …

In dem uns umgebenden Raum bewegen wir uns mit unserem Körper. Der eigene Leib bildet selbst nochmals einen eigenen Raum, einen ›Eigenraum‹ mit seiner Dynamik, seinen Spannungen, seiner Beweglichkeit, seiner Lust wie seinem Schmerz. Es gibt uns als Menschen nur in diesem Leib, der einen sprechenden Ausdruck, eine Repräsentanz der individuellen, erkennbaren Person bildet.

In diesem ›Eigenraum‹ enfaltet sich wiederum ein Eigenleben, ein ›inneres Leben‹, wie die Alten sagten. Im Innenraum spüren wir Sehnsüchte und Ängste, Hoffnung und Verlorenheit, Weite und Stille. Ähnlich, wie sich unser Körper trainieren und pflegen lässt, verhält es sich mit einem inneren Leben. Durch gelegentlichen Rückzug, durch bewusste Stillezeiten, durch Achtsamkeit, Gebet, Meditation oder Kontemplation, durch Begleitung auf diesem Weg wird dieser Innenraum spürbar, ja er wird sich auszudehnen beginnen.

Im Raum der Stille
beginnen die Dinge
zu reden
klare deutliche Sprache

Im Raum der Stille
grünt das Niedergetretene
hier ein Halm Hoffnung
dort ein Büschel Zuversicht

Im Raum der Stille
kauert
ein Du

Der Beziehungsraum

Aristoteles umschreibt den Menschen als *zoón logikón. Zoé* bedeutet auf Griechisch *Leben* und *logos* meint *Wort, Vernunft, Verstand.* So wurde der Begriff als *animal ratio-*

nale – vernunftbegabtes Lebewesen ins Lateinische und von dort dann in alle europäischen Sprachen übertragen.

Wie bei jeder Übersetzung ergeben sich jedoch auch hier gewisse Lücken. Denn das griechische Hauptwort *logos* stammt von einem Tuwort ab, vom Verb *logizomai,* was *reden, sprechen, argumentieren* bedeutet. Genauer übersetzt heißt das, der Mensch sei ein Lebewesen, das seine Vernunft im Gespräch herausbildet. Oder noch einmal anders: Der Mensch ist ein kommunikatives und soziales – ein sprechendes und auf Gemeinschaft verwiesenes – Wesen.

Weshalb dieser kleine Ausflug in die Philosophiegeschichte? Weil diese Bestimmung des Menschen als reines »Vernunftwesen« uns im Westen alle immer noch prägt, mehr als wir ahnen. Dabei sind wir zuerst Beziehungswesen. Wir bewegen uns in konkreten Räumen, bilden selbst einen eigenen Körper(-innen)-Raum und leben in Beziehungsräumen: in Familien und Partnerschaften, mit Freund:innen und Kolleg:innen, im Austausch mit vielen anderen in den sozialen Netzwerken.

Das ebenso Erstaunliche wie Erschreckende eines Rituals besteht nun darin, dass alle diese Dimensionen des Menschen angesprochen, bespielt, umfangen, angerührt werden: Rituale werden begangen (nicht ersessen). Rituale finden statt vor Menschen, die uns wichtig sind. Rituale sind geprägt von besonderen Räumen bzw. Orten, in denen sie gefeiert werden. Alle räumlichen Dimensionen, in und mit denen Menschen leben, werden dabei aktiviert und einbezogen, um Veränderungen zu bewirken.

Wenn wir uns fragen, weshalb Rituale solche verändernden Wirkungen hervorrufen können, findet sich hier eine eigentümliche Antwort: Sie sprechen uns in all unseren Beziehungsräumen zugleich an.

Der virtuelle Raum

Immer weiter greift in das menschliche Leben jener andere Raum ein, in dem es sich so mühelos mit Menschen weltweit kommunizieren lässt: das Internet, die verschiedenen sozialen Netzwerke, Video-Konferenzen, gestreamte Filme, Bilder, Vorträge aller Art.

Was vor wenigen Jahrzehnten beinahe noch eine versponnene Fiktion aus Science-Fiction-Filmen war, fühlt sich heute schon an, als wäre die Welt anders weder denk- noch lebbar. Und dies ist – wie jede/r weiß – gerade erst der Anfang. Die virtuellen Welten werden sich weiterentwickeln und dank Künstlicher Intelligenz schon in wenigen Jahren neue Welten entwerfen, vielleicht kaum noch zu unterscheiden von der wirklichen. Auch für Ritualfeiern werden sich dadurch ganz neue Möglichkeiten eröffnen. Bei aller berechtigten Faszination und den beinahe unbegrenzten Möglichkeiten der Kommunikation ist es gut zu wissen, dass der Mensch angewiesen bleiben wird auf leibhafte Begegnung, die durch keine noch so perfekte technische Animation ersetzt werden kann.

»Halt an, wo läufst du hin? Der Himmel ist in dir. Suchst du ihn anderswo, du fehlst ihn für und für!« Mit diesem Vers aus dem *Cherubinischen Wandersmann* von Johannes Scheffler (Angelus Silesius) wenden wir uns konkreten Raumstrukturen von Ritualen aus der Praxis zu. Das Hauptaugenmerk liegt dabei auf der gegenseitigen Durchdringung von Raum und Ritual.

Trauerfeier

Im Pandemiejahr 2020, wo die Anzahl der Mitfeiernden bei Trauerfeiern begrenzt war und die Feiern zu Beginn oft draußen vor der Trauerhalle stattzufinden hatten, ergaben sich gerade dadurch interessante Konstellationen. Wir standen etwa einmal draußen in einer kleinen Vorhalle im Halbkreis um die Urne. Als ich eben die Anwesenden begrüßen wollte, kam mir die Tochter des Verstorbenen zuvor. Sie kannte mich von der Trauerfeier für ihre Mutter ein Jahr zuvor. »Ihr kennt ja alle Herrn Grünling noch!« Und dann zu mir: »Wir freuen uns, dass wir wieder mit Ihnen zusammen den Abschied gestalten können!« Nie zuvor hatte jemand bei einer Trauerfeier mich begrüßt. Bei der Ansprache, in die ich immer gern Geschichten aus dem Leben der Toten einfließen lasse, wurde ich viermal unterbrochen: »Ja, dazu fällt mir auch was ein!« »Oh, das ist auch eine schöne Geschichte!« »Wenn Sie das schon erwähnen, dann lege ich noch dies dazu …!« So entstand eine spontane Erzählrunde, wodurch der Verstorbene sehr lebendig in unserer Mitte präsent war. Ohne die familiäre Anordnung im Raum und bei einer größeren Zahl von Mitfeiernden – es waren zusammen kaum 15 – hätte sich dieses Ritual sicher nicht so offen entwickelt.

Hochzeitsfeier

Immer wieder fällt der enorme Unterschied ins Auge, den es macht, ob die Feier in einem ›genormten‹ Raum stattfindet, der mit einer klaren Ausrichtung gebaut wurde – eine Kirche, eine Kapelle, der barocke Saal eines Schlosses, ein altes Kellergewölbe –, oder draußen, wo sich der Raum deutlich freier gestalten lässt.

Wie sind die Mitfeiernden im Raum angeordnet? Stehen oder sitzen sie? Und worauf? In einem Halbkreis auf Stühlen, Bänken oder Heuballen? An Stehtischen oder mit ihren Kindern ganz vorn auf Decken? Bildet sich so eine Art Amphitheater ab? Wer befindet sich im Zentrum? Das Paar? Die Freie Theologin? Und wo sitzt das Paar? Mit dem Rücken oder mit dem Gesicht zu den Mitfeiernden? Auf Stühlen, Barhockern, einer Bank oder Lounge-Möbeln? Befinden sich die Trauzeugen an ihrer Seite? Wo befinden sich ihre Eltern? Sind die Musiker, die Band, für alle gut sichtbar? Gibt es einen Ort mit ausreichend Platz innerhalb des Ritualraums, um sich bewegen zu können, um Handlungsabläufe zu integrieren?

Wie leicht einzusehen ist, hängt von der Beantwortung dieser Fragen, von einem sorgfältigen Bedenken und Herrichten des Ritualraumes einiges für die Wirksamkeit eines Rituales ab.

Geburtsfeier

Im Gegensatz zu mancher Hochzeit wird die Aufnahme eines kleinen Kindes in die Gemeinschaft der Familie oft in kleinerem und ungezwungenem Rahmen gefeiert – sei es als Bestandteil einer Grillfeier, vor dem Beginn einer Kaffeerunde, im eigenen Garten oder bei einer Hütte im Wald. Daher eignet sich zur Raumgestaltung vorzüglich der Kreis, mit Decken in der Mitte für eventuell anwesende andere Kinder. Da oft auch kleinere Kinder mitfeiern, empfehlen sich eine straffe, klare Struktur und eine für alle leicht zugängliche Möglichkeit, sich symbolisch in die Feier einzubringen.

Zusammenfassung

Die Anordnung der Feiernden im Raum bestimmt wesentlich die Art und Wirkkraft einer Zeremonie. Wo sich die Mitfeiernden befinden, wie der Raum strukturiert wird, ob man auf Stühlen oder Bänken sitzt, sich im Gras lagert oder sich an Stehtischen befindet, in Reihen hintereinander, im Kreis oder Halbkreis sitzend, ob Bewegungsabläufe vorgesehen sind, wo die Musiker sich befinden, wer die Mitte des Raumes besetzt – all das beeinflusst den Ablauf eines Rituals mindestens ebenso sehr, wenn auch eher unbewusst, wie verwendete Symbole oder gesprochene Worte.

Der Spannungsbogen

> *Einmal kam ein Jäger zu Antonius und fand ihn fröhlich im Kreis der Seinen sitzend. Da Antonius als strenger Asket galt, schüttelte jener verächtlich den Kopf. Darauf rief ihm Antonius zu: »Spanne deinen Bogen.« Der Schütze tat es. Noch einmal und noch einmal rief er es ihm zu. Worauf ihm der Schütze sagte: »Wenn ich meinen Bogen so oft spanne, dann zerbricht er.« »Nicht anders bei uns«, antwortete ihm Antonius, »wenn wir uns über das Maß anspannen, werden auch wir zerbrechen.«*

>den Bogen raushaben<

Wie in jedem Deutsch-Aufsatz findet sich auch in einem Ritual ein Spannungsbogen. Diesen Bogen kann man sich vorstellen wie eine sich sacht hebende und wieder senkende Kurve.

Jedes Ritual besteht grob skizziert aus drei Teilen: dem Beginn, einem Hauptteil und dem Schluss. Um innerhalb einer Feier einen sinnvollen Spannungsbogen zu erzeugen, gilt es darauf zu achten, Doppelungen zu vermeiden und bei allen Elementen das schlichte – und darum oft unterschätzte – Prinzip zu beachten: Weniger ist mehr!

Ein klassischer Anfängerfehler besteht darin, in einer Zeremonie jede Menge Texte, Symbole, Musik, Redeanteile etc. anzuhäufen, wodurch jeder einzelne Bestandteil an Wert verliert und die Feier zeitlich wie inhaltlich ausfranst. Kein Wunder, wenn irgendwann alle verstohlen gähnend auf ihr Smartphone schauen und froh sind, wenn es endlich vorüber ist.

Wird die zeitliche Dauer einer Feier überdehnt, verformt sich der Spannungsbogen in eine steil auf- und abschwingende Sinuskurve. Sie versinnbildlicht eine fortschreitende Abstumpfung, die ermüdet und lähmt.

Wird hingegen der Beginn zu sehr gestrafft oder der Schlussteil zu schnell beendet, kappt man dadurch die Kurve, sodass der Spannungsbogen nicht sanft ansteigt und wieder abfällt, sondern zu einer Art »Haifischflosse« wird.

Konkretisierung anhand einer Trauungsfeier

Hier ist nun ein in knappen Strichen skizzierter möglicher Aufbau einer Trauungsfeier samt deren Spannungsbogen:

ERÖFFNUNG

- Lied / Musik Nr. 1 zum Einzug: *Brautpaar kommt zusammen oder Braut mit Vater*
- Begrüßung: *durch Paar, Trauzeugen oder Freie Theologin Worte zum Ort, zum Ritual, zur eigenen Person*
- Text zu Beginn: *Gebet / Gedicht oder Worte der Trauzeugen (zu sich, zum Paar)*
- Dank an die Eltern: *Partner gehen zu den Eltern und bedanken sich für ihr Dasein*
- Lied / Musik Nr. 2: *zum Abschluss der Eröffnung*

HAUPTTEIL

- Ansprache: *persönlich, humorvoll, bildhaft und kompakt (5–7 min)*
- Lied / Musik (Stille) Nr. 3: *zum Entspannen vor der Trauung*

Trauung

- *Paar steht auf und sieht sich an, Trauzeugen kommen dazu, Ringe werden gebracht*
- *Spruch über die Ringe / persönliches Trauversprechen und Ringtausch / Zusage, Kuss & Beifall, symbolische Handlung: über die Schwelle schreiten etc …*
- Lied / Musik Nr. 4: *eventuell ein Lieblingslied des Paares*
- Gute Wünsche / Zusagen fürs Paar: *entweder von Trauzeug:innen, Eltern, Freunden, Angehörigen oder von allen Mitfeiernden (sofern gewünscht, mit symbolischer Handlung – Seifenblasen, Kerzen entzünden etc. …)*

ABSCHLUSS

- Schlusswort / Gratulation: *eventuell mit Hinweisen des Paares, wie nun weitergefeiert wird*
- Lied Nr. 5 zum Schluss: *Das Paar zieht aus zur Gratulation – Spalier mit Händen, Rosen, Seifenblasen etc. …– alle folgen.*

Kyudo

Der Zen-Buddhismus mit der Idee, durch konsequent praktizierte Stille zur Präsenz zu gelangen, hat die japanische Kultur durch seine Konzentration auf das Wesentliche vielfach inspiriert. Neben der Teezeremonie, der Kalligraphie, der Dichtkunst, dem Arrangement von Blumen (Ikebana), neben Judo oder Karate hat sich dort auch eine besondere Art des Bogenschießens entwickelt. Aufbauend auf der Grundspannung des Atems – Einatmen, Atempause, Ausatmen, Atempause – wird der Bogen gespannt. Beim Loslassen wird versucht, den Pfeil durch eine meditative Innenschau gelassen ins Ziel fliegen zu lassen. Aus der inneren Mitte heraus findet der Pfeil von selbst ins Ziel. Der Pfeil trifft nicht das Ziel, sondern er ›existiert im Ziel‹. Das konzentrierte Innenbild ›Pfeil im Ziel‹ bildet sich ›wie von selbst‹ im Außen ab, wenn die Mitte erreicht wird.

Zusammenfassung

Die Qualität einer Feier lässt sich unter anderem an der souveränen Handhabung des Aufbaus festmachen. Eine grundlegende formale Struktur eines Rituals bildet der innere Spannungsbogen. Beginnend mit der Eröffnung, hinführend zum Hauptteil und wieder abflachend zum Schluss bildet sich eine sanft ansteigende und sanft wieder fallende Kurve. Wird ein ausgewogener Spannungsbogen samt der angemessenen, nicht ausufernden Zeit beachtet, kann sich eine stimmige Zeremonie entwickeln.

Die Musik

Neuere Funde lassen darauf schließen, dass schon unsere Vorfahren – ob Neandertaler oder Homo sapiens – neben ihren Stimmen auch Instrumente benutzten, um Musik zu erzeugen. In Höhlen gefundene Knochenflöten mit teils erstaunlichen Tonfolgen weisen darauf hin. So dürfen wir uns die ältesten Ritualorte, um die wir wissen – eiszeitliche Höhlen mit magischen Bemalungen –, erfüllt von Gesang, rhythmischem Klatschen oder Stampfen, Trommeln, Musik und Tanz vorstellen.

> »Kommt nicht ohne Trommeln an mein Grab.«
>
> (Rumi)

Schauen wir auf die älteste ununterbrochen an einem Ort lebende Kultur der Welt, die Aborigines in Australien, die seit ca. 40–60.000 Jahren dort ansässig sind, stoßen wir ebenfalls auf eine ganze Welt aus Gesang, Mythen und Musik, ohne die ein Leben, ja ein Überleben in oft unwirtlicher Umgebung über so lange Zeiträume unmöglich gewesen wäre.

Emotionen

Musik zu hören, zu singen oder selbst zu spielen, trägt und prägt viele Leben. Oft ohne ein Wort überträgt sie Gefühle, überwindet spielerisch Sprach- und Kulturgrenzen. Sie bewegt uns am Verstand vorbei direkt über das limbische System, das unsere tiefsten Gefühle anspricht. Trauer, Freude, Schmerz, Verzweiflung, Hoffnung, Abgründe und Sehnsüchte – all das und vieles mehr lässt Musik uns unmittelbar erleben.

Je nachdem, welche Musik bei einem Ritual gespielt wird, welcher Rhythmus zugrunde liegt, formt die Musik den Rahmen, innerhalb dessen sich die Feier entwickelt.

Kommt die Musik aus einer Anlage, lassen sich mehrere Stilrichtungen einbringen und damit Einzelelemente einer Zeremonie variationsreich unterstützen. Wird die Musik live von einer Band gespielt bzw. von einem Sänger oder einer Sängerin vorgetragen, verstärkt deren leibhafte Präsenz und Ausstrahlung die Wirkung einer Feier – oder kann sie beeinträchtigen, je nach Qualität der Darbietung. So oder so bleiben Musik und Ritual fest ineinander verschlungen, leben in-, mit- und voneinander.

Musik wirkt eher im Verborgenen, aber gerade dadurch oft so kraftvoll. Das gemeinsame Singen – welches Atmung, Herzschlag und Stimmung aufeinander abstimmt und so Gemeinschaft bildet, stärkt und formt – war einer der Gründe für den Erfolg der Reformation im 16. Jahrhundert. Marschmusik für Soldaten samt deren Gleichschritt baut auf derselben Wirkweise auf und soll die eigene Gruppe festigen wie für den Kampf gegen Gegner bereitmachen. In Fußballstadien dienen neben ausgefeilten Choreographien und einheitlicher Kleidung vor allem die Fanmusik wie deren Lieder dazu, Stimmungen hervorzurufen, die eigene Mannschaft zu unterstützen, sich von den Gegnern abzugrenzen und das Gefühl einer großen Einheit zu schaffen. Werbung arbeitet subtiler, setzt meist auf leise Hintergrundmusik, die unauffällig, wie nebenher, Emotionen anspricht und zum Konsum anstiften will.

Singen verändert neben Atmung und Herzschlag auch die Stimmung; es kann Traurige froh, Müde wach, aber auch Gleichgültige aggressiv werden lassen. Andererseits: Kein Widerstand kommt ohne einen Protestsong, ohne Musik, ohne eine Hymne aus, und sei sie ironisch gemeint.

Musik in einer Zeremonie

Innerhalb einer Feier kann die Musik den Spannungsbogen begleiten, ihm folgen oder ihn kontrapunktisch brechen. Kommt etwa ein Paar bei einer Trauung höfisch auf einem roten Teppich zu Streichermusik hereingewandelt oder läuft es beschwingt tänzelnd zu einem modernen Lied herein, wird die Trauungsfeier allein dadurch entscheidend vorgeprägt. Dabei stehen nicht Geschmacksfragen im Vordergrund, sondern der emotionale Gehalt bzw. die Ausstrahlung der Musik an einem bestimmten Ort einer Zeremonie.

Musik kann den Spannungsbogen begleiten, ihm folgen oder ihn kontrapunktisch brechen.

Da Musik so emotional wie persönlich geprägt ist, entwickeln sich daraus leicht Irritationen bis hin zu starken Konflikten. Die Einsicht »Über Geschmack lässt sich nicht streiten« bildet dabei eine wichtige Leitplanke; als noch wichtiger aber erweist sich die Offenheit, sich auf Neues und Ungewohntes einzulassen. Niemand außer denen, die ein Ritual begehen, kann wissen, was für sie passt!

Beim Tod einer jungen Frau, die gern tanzen gegangen war, wurde bald klar, dass ihr Lied gespielt werden musste. Es hieß *No esperanza – Keine Hoffnung*. Elf Minuten harter Techno. Aufgeteilt auf drei Einheiten, ließ es die Augenbrauen der Organistin, die die CD einzulegen hatte, in die Höhe schnellen. Umso beeindruckender, wie alle, die zur

Trauerfeier gekommen waren, sich auf diese Musik hin bewegten, mittanzten, von unten bis hinauf zur Empore eine einzige wogende Einheit wurden – durch dieses Lied eng verbunden mit der Verstorbenen.

Oder da war jene Hochzeitsfeier, bei der das Paar aus sehr verschiedenen Menschen sich nur auf ein einziges gemeinsames Lied einigen konnte, das direkt nach ihrem persönlichen Trauversprechen live gesungen wurde. Der Titel bestand aus einem üblen Fluch und der Song handelte davon, wie sie ihren langjährigen Freund mit einem Tritt in den Hintern aus ihrer Wohnung und ihrem Leben schmeißt … Als das Lied ertönte, ging ein befreiendes Lachen durch die Reihen, da allen guten Freund:innen bewusst war, warum dieser Song erklang.

Zusammenfassung

Mehr als durch Worte wird jedes Ritual durch die Musik geformt. Dabei kommt es weniger auf die Art der Musik an als darauf, dass die Musik für die Mitfeiernden eine emotionale Bedeutung hat. Durch die entsprechende Platzierung innerhalb des Spannungsbogens einer Feier können einzelne Elemente zusätzlich betont werden. Durch Gesang und Musik lässt sich schnell und einfach ein Resonanzraum bilden, in dem alle ihren Platz finden.

P. S.: Übrigens kann auch Stille, so man damit Erfahrung hat, als Kontrast zur Musik oder in Kombination mit ihr in einer Zeremonie die Höhepunkte herausheben.

Symbole

Das Wort *Symbol* stammt vom griechischen *sym-ballein,* wobei *sym* mit *zusammen* und *ballein* mit *werfen* übersetzt werden kann. Symbol bedeutet folglich etwas ›Zusammengeworfenes‹, etwas, das zusammenpasst und zusammengehört. Denn in einem Symbol kommen (mindestens) zwei verschiedene Bedeutungen zusammen: ein konkretes Trägerelement und dessen (vielfältige) Bedeutung(en).

Nehmen wir als Beispiel das Element Wasser. Es steht einerseits für Erfrischung, Reinigung, Trinken, ja das Leben selbst, wie zugleich für Untergehen, Ertrinken, Überschwemmung und Tod. Jedes Symbol bezeichnet eine Wirklichkeit, die sich allein in Worten nie ganz erfassen lässt, drückt sie sinnlich aus und setzt sie gegenwärtig.

Rituale können als Symbolhandlungen umschrieben werden, in denen mehr aufscheint, als auf den ersten Blick ersichtlich ist. Ein Kuss etwa ist mehr als ein Lippen- oder Schleimhautkontakt. In ihm drücken sich Zuneigung, Liebe, eine herzliche Begrüßung, aber manchmal auch Gleichgültigkeit oder gar Verrat aus. Jedenfalls transzendieren (übersteigen) Symbole unsere Wirklichkeit und verweisen auf anderes, das wir nicht in der Hand haben, etwa die Entwicklung eines Kindes, die Liebe zu einem Menschen oder dessen Tod.

Werden in rituelle Handlungen Symbole miteinbezogen, vervielfältigen sich deren Bedeutungsebenen nochmals, schwingen zwischen den Mitfeiernden hin und her, verstärken und überkreuzen sich, wodurch sie in größere Tiefen hineinreichen.

Die strukturelle Nähe zu Symbolen, die sich nie erklären, sondern nur umschreiben lassen, macht auch Rituale zu Handlungsweisen, die nicht eindeutig erklärbar und prinzipiell bedeutungsoffen sind. Dieses ›Überschießende‹, über sich selbst Hinausweisende, die Fähigkeit, Rituale begehen zu können, macht den Menschen zum Menschen.

Nicht das Vielerlei macht satt, sondern das Auskosten von Wenigem (nach Ignatius von Loyola). Übertragen auf die Verwendung von Symbolen innerhalb von Ritualen, lädt dieser Satz zu einer Beschränkung – genauer: zu einer bewussten Konzentration – auf einige wenige Symbole ein. Dadurch werden sie umso heller aufleuchten. Das will und wird dem Erfindungsreichtum der Beteiligten keine Grenzen setzen.

Im Symbol zeigt und verhüllt sich das Geheimnis.

Je mehr ein Symbol zur Situation wie zu den mitfeiernden Personen passt, desto mehr wird es sich in die Feier einfügen und darin seinen Verweischarakter entfalten. Jeder denkbare Gegenstand kann und darf dabei Verwendung finden, insofern darin ein tragender Bezug zu den Anwesenden sichtbar wird. Findet sich ein beliebiges, aber stimmiges Symbol, wird sich um es herum die ganze Feier kristallisieren: von der Dekoration und den Liedern über die verwendeten Texte und die Ansprache sogar bis in die Struktur und den Aufbau des Rituals hinein.

Bei Willkommensfeiern

Traditionell spielt hier das Wasser eine tragende Rolle – als Symbol des (neuen) Lebens wie als Zeichen für die überstandene Gefahr der Geburt und für den Fluss des Lebens, das mit der Geburt eines Kindes auch für die Eltern / die Mutter entscheidend und lebenprägend verändert ist. Aber auch der für das Kind ausgesuchte Name hat eine hohe Symbolkraft – wie es ja darum in Märchen (etwa Rumpelstilzchen) und Liedern beschworen wird.

Die Pat:innen stehen als leibhafte Symbole dafür, dass ein Kind nie allein von der Mutter bzw. den Eltern erzogen wird, sondern dass es aufwächst in einem Netz von Beziehungen, das es trägt und prägt.

Das Pflanzen eines Bäumchens (manchmal gedüngt von der Plazenta) steht für den Wunsch, das neue Leben möge wachsen, blühen, Früchte tragen, aus einem besonderen Holz geschnitzt sein, in den Jahreszeiten und Stürmen des Lebens Bestand haben, in der Erde verwurzelt und mit der Stirn dem Himmel nahe sein.

Bei Trauungen

Auch hier spielen viele – teils sehr alte – Bräuche eine Rolle, angefangen beim Brautkleid über das Trauversprechen bis zum Austausch von Ringen. Manches Paar findet Gefallen daran, sich von überlieferten Mustern durch diesen besonderen Tag geleiten zu lassen, während andere Vergnügen daran haben, diese lustvoll zu unterlaufen, zum Beispiel so: Statt dem Vater bringt die Mutter die Braut, während die Väter vorn warten. Andere Paare ziehen zu zweit ein, um so ihre gleichberechtigte Beziehung zu betonen. Wieder andere treffen sich zuvor mit ihren Freundinnen bzw. Freunden, trinken einen Sekt oder einen Schnaps, um dann die Gruppen vor dem Ritualort zusammenzuführen und mit vereinter weiblicher wie männlicher Kraft einzuziehen. Manche tanzen herein, klatschen lachend alle Mitfeiernden ab und feiern dann auf dieser Woge des Sich-Freuens das Fest ihrer Liebe. So vielfältig die Paare und deren Geschichten sind, so bunt und verschieden entwickeln sich auch deren Trauungsfeiern.

Bei Trauerfeiern

Während bei Hochzeiten Erwartungen und Bilder oft vorab schon so stark sind, dass es nicht leichtfällt, aus gewohnten Bahnen auszubrechen, entwickeln sich Trauerfeiern immer häufiger zu Orten von Kreativität. Begonnen hat diese Entwicklung mit der Aids-Epidemie, in der immer mehr Angehörige die Verstorbenen auf ihre höchst eigene Weise verabschieden wollten. Persönliche Worte von engen Angehörigen in der Trauerhalle, das eigenhändige Tragen der Urne zum Grab, dort etwas gemeinsam zu essen oder zu trinken erscheint heute beinahe schon normal.

Immer wieder finden bei Trauerfeiern Erzählrunden statt, wo sich die Urne oder der Sarg in der Mitte des Raumes befinden und die Trauernden konzentrisch darum herum. Nach einer knappen Einleitung, die zum Erzählen einlädt, kann jede/r eine kurze Erinnerung, eine Geschichte, ob lustig oder traurig, beisteuern, sodass der/die Tote dadurch noch einmal vielfältig gegenwärtig wird.

Oft befinden sich neben der Urne oder am Sarg Symbole, die den Verstorbenen / die Verstorbene charakterisieren: ein Koffer mit persönlichen Gegenständen; ein Schuh, eine Mütze oder ein Schal; ihr Motorrad oder seine Modelleisenbahn; ein Golfschläger oder ein Tennisball.

Zusammenfassung

Als Symbole können beliebige Gegenstände verwendet werden, die über sich hinausweisen und verschiedene Dimensionen des Lebens umfassen. Sie können nicht vollständig erklärt, wohl aber von verschiedenen Seiten her umschrieben werden. Im Zusammenhang von Ritualen spielen sie eine entscheidende Rolle. Sie bilden oft den Kristallisationskern einer Zeremonie, um den herum sich alles andere anordnet. Deshalb erfordert der Umgang mit Symbolen Schulung, besondere Sorgfalt und Konzentration.

Die Ansprache

> *Eines Tages sagte Franz zu einem seiner Genossen: »Komm, lass uns nach Assisi gehen, um dort zu predigen.« So machten sie sich auf und waren dabei so ins Gespräch miteinander versunken, dass sie erst wieder zu sich kamen, als sie schon aus dem Städtchen wieder hinaus waren. Erstaunt sagte der Bruder zu Franz: »Nun haben wir ganz vergessen, zu tun, wozu wir hergekommen waren!« Da antwortete ihm Franz: »Die Menschen haben uns gesehen, wie wir miteinander gingen, uns neckten und fröhlich waren. Wenn wir nicht beim Gehen predigen, brauchen wir auch nicht zu gehen, um zu predigen.«*

Es gibt zwei grundlegende Arten des Sich-Mitteilens: den sprachlichen und den körpersprachlichen Ausdruck. Wie beim Ritual insgesamt wirken bei einer Rede nicht zuerst die Worte, geschickte Rhetorik, kunstvolle Pausen oder die Modulation der Stimme, sondern die Sprache des Körpers. Denn während wir bewusst schweigen können, spricht der Körper immer.

In wenigen Millisekunden wird – meist unterhalb der Bewusstseinsschwelle – von den Hörer:innen wahrgenommen, wie sie die Person einschätzen: als stimmig, sympathisch, überzeugend, klar, verängstigt, verhuscht, wenig überzeugend oder gar verlogen. Das findet über deren leibliche Präsenz statt: also wie jemand geht, steht, schaut, sich im Raum verortet – da ist. Dann erst folgt der Inhalt der Worte.

Wie könnte es auch anders sein? Noch vor dem bzw. beim Reden steht zuerst der Leib als Symbol der ganzen Person im Zentrum der Aufmerksamkeit – samt der Stimme, die einen wichtigen Ausdruck der Persönlichkeit darstellt. Nach wissenschaftlichen Studien wirken in einer Rede auf die Zuhörer:innen zu 55 Prozent Mimik, Gestik und Körperhaltung, zu 38 Prozent die Stimme und der sprachliche Ausdruck, während der reine Wortlaut des Gesagten auf ganze sieben Prozent kommt!

> »Accedit verbum ad elementum et fit sacramentum.« Zeichen und Wort ummanteln das Geheimnis.
>
> (Augustinus von Hippo)

Wenn 93 Prozent der Wirkung einer Rede auf dem körpersprachlichen Ausdruck der vortragenden Person beruhen, lohnt es sich auf jeden Fall, dem Rechnung zu tragen. Konkret wird es darum gehen, gelassen Raum einzunehmen; zu versuchen, ganz im Hier und Jetzt da zu sein, Blickkontakt mit den Anwesenden zu suchen, sich zu zeigen und mit passenden Gesten zu reden. Wer frei zu sprechen gelernt hat, hat den deutlichen Vorteil, sich nicht hinter Redepulte stellen zu müssen, offen und frei dastehen zu können, den Körper wie den Blick offen zeigen zu können, ohne ablesen zu müssen.

Natürlich hat diese Erkenntnis auch Auswirkungen auf die Länge von Ansprachen. Waren noch vor 20 Jahren etwa im öffentlichen Rundfunk Beiträge von sieben Minuten Länge üblich, wird heute davon ausgegangen, dass die meisten Zuhörer:innen nach drei bis fünf Minuten abschalten.

Auch bei eindrucksvoller Präsenz einer Redner:in im Raum, bei bewusstem Einsatz von Körpersprache, Mimik und Stimme, bei spürbarem Spaß an Rhetorik und Sprache wird eine Redezeit von mehr als zehn Minuten die allermeisten Anwesenden überfordern. Was dann hängenbleibt, sind – neben dem schalen Gefühl einer unangemessenen Überbeanspruchung von Zeit und Raum – die Einleitung und einige der letzten Sätze.

Deutung

Bei Ansprachen innerhalb von Neuen Ritualen wird natürlich versucht, möglichst persönlich auf die Anwesenden einzugehen, sei dies nun bei der Geburt eines Kindes, beim Heranwachsen einer Jugendlichen, bei einer Trauung, bei einem Todesfall oder bei jeglichem anderen Anlass. Dennoch lauert hier schon eine erste Fallgrube: So wichtig es ist, Persönliches einzubringen, kann sich eine Ansprache nicht in dessen bloßer Wiedergabe erschöpfen. Gerade wenn durch das Gespräch, gar durch mehrere Treffen vor einer Feier eine persönliche Beziehung und Nähe aufgebaut wurde, reicht ein schlichtes Nacherzählen dessen, was man dabei gehört hat, bei Weitem nicht aus. Für jemanden ›von außen‹ besteht die Herausforderung vielmehr darin, die vorgefundene Situation nicht nur zu beschreiben, sondern zu deuten. Oftmals können Menschen, die in der jeweiligen Situation gefangen sind, gar nicht von sich aus andere Perspektiven entwickeln.

Damit sind wir bei einer weiteren Schwierigkeit gelandet: Wie kann in einer immer pluralistischer werdenden Gesellschaft eine profilierte Deutung stattfinden, ohne die Mehrzahl der Zuhörer:innen vor den Kopf zu stoßen? Wie gelingt es, für eine eigene, klare Haltung zu stehen, ohne besserwisserisch oder herablassend aufzutreten? Beinahe immer handelt es sich dabei ja um die großen Fragen von Leben und Tod, um grundsätzliche Überzeugungen also, die keineswegs von einer großen Mehrheit geteilt werden müssen.

Das Erste mag sein, um die eigene Haltung und Überzeugung zu ringen, ohne dabei die persönliche, oft vorbewusste Prägung aus dem Auge zu verlieren. Die eigentliche Kunst aber besteht darin, Einsichten und Überzeugungen so ins Wort zu bringen, dass sie einladend, offen und hilfreich sein können. Das erfordert sowohl Übung wie regelmäßige professionelle Rückmeldungen, die über ein »das hat mir heute aber sehr gut gefallen« oder ein »das haben Sie aber ausgezeichnet gemacht« der direkt Betroffenen hinausgehen.

Bilder und Geschichten

Um Zuhörer:innen zu ermöglichen, Gedanken leichter zu folgen und sich einzufühlen, hilft insbesondere die Verwendung von Bildern oder Geschichten. Sie prägen sich einfach ein, sprechen Emotionen an und dienen als Schlüsselmomente für neue, überraschende Einsichten.

Beim Nachbereiten eines Trauergesprächs kam mir am Morgen danach eine der Begebenheiten frisch in den Blick, da sich in ihr – wie in einem Brennglas – charakteristische Züge des Verstorbenen zeigten. So begann die Ansprache mit der Erzählung, wie er einst bei einer Reise in die Karibik zu einem Limbo – bei dem man unter einer tief gehaltenen Querstange durchtanzt – eingeladen wurde und sofort begeistert und laut lachend dabei war. Seine Reiselust, seine offene und fröhliche Persönlichkeit, aber auch die vielen Probleme in seinem Leben, denen er zu begegnen hatte, waren darin bildhaft wiederzufinden. Auch der Tod lädt zu einem letzten Tanz ein, über die äußerste Grenze hinaus. Und auch die Trauernden müssen auf dem Weg des langsamen Loslassens unter solch einer Stange hindurch …

Wie beim Ritual, hilft auch bei der Ansprache ein klarer Spannungsbogen samt einem roten Faden, der den Zuhörer:innen das Mitgehen erleichtert.

> *Als Rabbi Bunam auf dem Weg nach Warschau war, überkam ihn der Gedanke, eine lustige Geschichte zu erzählen. Sofort erhob er selbst dagegen den Einwand, dann sei es mit seinem guten Ruf endgültig vorbei und alle würden ihn für einen billigen Possenreiser halten. »Rabbi hin oder her«, entgegnete er sich selbst, »stammen nicht die Scherze und das Lachen direkt vom Paradies?«*
> *Und als er die Geschichte zum Besten gab, musste die ganze Reisegesellschaft so lachen, dass sich die Leute die Bäuche hielten und die Tränen von den Augen wischten. Und alle, die ihn zuvor abgelehnt hatten, waren ihm von da an herzlich zugetan.*

Gemeinsames Lachen verbindet direkt und unkompliziert über alle Grenzen von verschiedenen Überzeugungen hinweg. Bei einer Trauerfeier eine Geschichte über den Verstorbenen zu erzählen, die zum Lachen reizt, eröffnet inmitten von Trauer und Schmerz eine andere, erweiterte Sicht auf Leben und Tod.

Bei Hochzeitsfeiern auch vom Ernst der Entscheidung wie von den Gefährdungen einer Beziehung zu sprechen, grundiert die ausgelassene Fröhlichkeit und verhindert das Abgleiten in einen beliebigen Event. Bei Willkommensfeiern neben der Freude über ein neues Leben nicht die Schmerzen der Geburt zu verschweigen, eröffnet einen Raum für Tiefe. Kontraste humorvoll anklingen zu lassen, kann also ein guter Weg sein, Mitfeiernde anzusprechen, mitzunehmen und gemeinsam zur Tiefe zu gelangen.

Trauerrede für einen Freund

Liebe Eltern, liebe Freunde, liebe Freundinnen
– und lieber (verstorbener) XY,
während draußen die Trauerweiden grünen, grünt und greint in mir die Trauer. Wer wird nun Gitarre für uns spielen, wenn uns Schrecknisse umgrausen? Die Bilder, die seit letztem Freitag, dem Tag, als die Nachricht von deinem Unfalltod bei uns einschlug wie eine Bombe, auf einen einströmen, entsprechen dem, was in mir, in uns passiert: Erdbeben, Tsunami, Kernschmelze. Unter dem Schutt des Alltäglichen weint ein Quell ohne aufzuhören.

Wie Worte finden? …
Vielleicht ein paar Splitter zusammenfegen, einige Saiten anzupfen, ein paar Geschichten erzählen in der bangen Hoffnung, sie mögen zusammen mit euren Splittern ein Mosaik, mit euren Tönen eine Melodie, mit euren Erzählungen zumindest den Umriss eines Bildes ergeben:
– Der erste Splitter, den ich in die Hand nehme, tut weh. Hier steht dein leerer Gitarrenkoffer: Du wirst nie mehr für uns spielen. Was soll das für ein Leben sein? Wie sollen wir je wieder feiern ohne dich? Ohne unseren fahrenden Sänger, unseren Troubadour, unseren Freund – ohne dich?
– Freiheit. Der eigene Kopf ging dir über alles. Eigensinnig, ja dickköpfig konntest du sein. Wer je versucht hat, dich unter Druck zu setzen, kann ein Lied davon singen. Kaum auf den Beinen, als deine Hand noch zu klein war, um den Gitarrengriff zu umschließen, wolltest du schon Gitarre spielen. Als es dann – mit acht Jahren – endlich so weit war, hast du dich stur geweigert, Noten zu lernen (dafür wusstest du später über 600 Lieder auswendig, ›by heart‹, wie es im Englischen so treffend heißt).
– Und zugleich warst du sensibel, feinfühlig. Schon mit vier Jahren konntest du von hinten, nur an den Rücklichtern, alle Autotypen unterscheiden. Und wer dich je über deine Ente hat räsonnieren hören, weiß, wie sensibel du für Autos sein konntest. Aber natürlich nicht nur für die …
– Unser Troubadour ist tot, unser ebenso eigensinniger wie feinfühliger Barde, der war, wie ein

fahrender Sänger eben zu sein hat. Und natürlich gehört zu einem echten Troubadour auch Lockerheit, ja Leichtfüßigkeit dazu. Bei unserem letzten gemeinsamen Fest, einem 50. Geburtstag in der Schweiz, als wir nach dem Essen sagten: »Komm, hol doch mal deine Gitarre«, da hast du den Gitarrenkoffer gebracht, ihn aufgemacht – und er war leer. »Oh, hab mir doch gleich gedacht, er war so seltsam leicht«, war dein trockener Kommentar dazu.

– Südfrankreich ist das Herkunftsland der Troubadoure. Dort entstand im 12. Jahrhundert etwas noch nie Dagewesenes. Zuvor hatten sich die Männer stets mit Muskelkraft, Gewalt und Waffen gestritten – um Macht, um Einfluss, um schöne Frauen. Jetzt aber griffen sie zur Laute / zur Gitarre, begannen einen Wettbewerb mit Musik, mit Poesie, mit Versen. Wen also sollte es wundern, dass du ausgerechnet dort unten gestorben bist, auf dem Weg von Arles nach Saintes-Maries-de-la-Mer?

– Und noch jemand, der uns verbindet, stammt von dort, oder doch zumindest seine Mutter: Franz von Assisi. Ursprünglich auf Johannes getauft, wurde er von seinem Vater »Francesco – Französchen« gerufen. Wie oft waren wir gemeinsam in Assisi! Mit der Zeit haben wir ein eigenes Ritual entwickelt. Weg aus dem lauten und geschäftigen Assisi, sind wir hochgezogen in die Einsiedeleien der Carceri oder ins Rieti-Tal. In den kahlen Höhlen dort, mit nichts als einer Mauer im Rücken, haben wir gekauert und zusammen dem ›Sound of

Silence‹, dem ›Nachhall der Stille‹ gelauscht. Da habe ich noch einmal eine ganz andere Seite an dir kennenlernen dürfen: jemanden, der nach innen lauschen konnte, der Tiefe hatte, der seinen Glauben gelebt hat ohne große Worte. Der auch da eigensinnig und feinfühlig war.
– Ein letztes Bild will ich über das des Troubadours legen und über das des Franz von Assisi. Es findet sich in Rom in den Katakomben, aus dem frühen ersten Jahrhundert, als es noch viel zu gefährlich war, ein Kreuz als offenes Bekenntnis in die Wand zu ritzen. Man sieht einen Mann, der eine Lyra – die Gitarre von damals – in der Hand hält. Es ist Orpheus, der nach der Legende so wundervoll zu singen wusste, dass sogar die Götter der Unterwelt sich erweichen ließen und die Toten herausgaben. Dieser Orpheus wurde den ersten Christen – mitten in Verfolgungen, mitten unter den Toten – zum Zeichen der Hoffnung, zur Chiffre für einen, der ein neues Lied gebracht hat und dessen Lied der Liebe selbst an der Mauer des Todes nicht zerbricht.
– Und so bezeichnet dein leerer Gitarrenkoffer vielleicht doch mehr als ein schmerzendes Zeichen, mehr als eine lustige Geschichte – vielleicht ist er ja ein Hinweis darauf, dass du nun woanders spielst! Sicher bist du schon dabei, dort droben eine neue Band zusammenzustellen, wer will daran zweifeln? Wir bauen jedenfalls fest darauf, dass du nun den Himmel rocken wirst, zusammen mit Jimmy Hendrix und dem lieben Gott, wie wir es oft genug zusammen gesungen haben … Und wir gönnen es

dem Himmel ja auch von Herzen, nun einen solchen Musiker wie dich bei sich zu haben. Die Besten gehen eben zuerst. So ist das wohl ... Leider! Uns hier unten aber bleibt der Blues. Ohne dich. Mach's also gut! Vielen Dank für dein Leben mit uns, für dein Lachen und dein Weinen, für dein Singen und dein Musizieren.

Ich werde dich immer vermissen. Wir werden dich immer vermissen. Dich, unseren dickköpfig-feinfühligen Troubadour, dich, unseren Freund, dich als Mensch ... Mach's gut, altes Haus!

Zusammenfassung

Mehr als Worte wirkt bei einer Rede die Körpersprache, also Signale, die der Leib unaufhörlich aussendet, darunter auch die Stimmfarbe. Zuerst spricht die Persönlichkeit, erst dann die Worte. Dieses Basiswissen wird die Herangehensweise an eine Ansprache von Grund auf ändern. Bei Ritualen geht es zusätzlich um eine Deutung des Geschehenen, um die Eröffnung einer neuen Perspektive für die Mitfeiernden. Dabei hilft die Einbeziehung von Bildern, Geschichten und Humor, um Zuhörer:innen emotional zu erreichen.

In einer sich immer stärker ausdifferenzierenden Gesellschaft wird es zu einer ganz eigenen Kunst, so sprechen zu lernen, dass sich für Menschen jeglicher Überzeugung überraschende Einsichten auftun, ohne diese jemandem aufzudrängen. Sich der eigenen Herkunft, der persönlichen Geschichte, der Überzeugungen samt deren Wandel bewusst zu sein, erweist sich als wichtige Voraussetzung dafür, Worte sprechen zu können, die ihre Adressaten erreichen.

Anfang und Ende

Was ist denn das für eine seltsame Frage: Wo beginnt ein Ritual und wo endet es? Was bitte soll denn daran unklar sein? Bei einer Hochzeit etwa beginnt die Feier mit dem ersten Lied samt dem Einzug des Brautpaares und endet mit deren Auszug beim Schlusslied. Oder? Klares Jein! Zum einen also ein Ja, wenn wir die Zeremonie im engeren Sinn betrachten. Aber wenn wir die scheinbar so harmlose Frage ein wenig länger auf uns wirken lassen, kommen wir ins Grübeln.

»Ich bin das Alpha und das Omega.«

Jesus von Nazaret

Beginnt das Ritual nicht schon mit dem/den Vorgespräch(en), bei denen in einem intensiven Austausch Nähe geschaffen und so erst das Fundament für die Feier gelegt wird? Und taucht dabei nicht unweigerlich die Beziehungsgeschichte des Paares auf, die unabdingbar dazugehört? Und spielen da nicht alle vorherigen Beziehungen der beiden Partner mit hinein, die schließlich in der aktuellen Beziehung zusammenfinden und kulminieren? Schaut man sich dann die Beziehungsmuster, die sich da abbilden, genauer an, wird man auf die Art von Beziehung stoßen, die die Eltern vorgelebt haben. Und beginnt mit der Hochzeitsfeier nicht erst der weitere gemeinsame Weg noch einmal neu und vertieft?

Ähnlich verhält es sich bei einer Geburtsfeier, einem Willkommensfest. Noch vor dem Zusammentreffen von Ei- und Samenzelle wuchs das Kind in der Sehnsucht der beiden Partner. Die sichtbaren neun Monate der Schwangerschaft erscheinen dabei wie das eine Achtel des Eisbergs, das über die Wasseroberfläche emporragt. Das Aufnahmeritual für das neugeborene Kind markiert einen Weg, der, obwohl er lange vorher begonnen hat, doch jetzt noch einmal neu beginnt. Dieses neue Leben wirkt sich aus – auf die Mutter und den Vater, auf eventuelle Geschwister, auf die Omas und Opas, und mit jedem Wachstumsschritt zieht dieses Neue weitere, unabsehbare Kreise.

Nicht anders ist es bei einer Trauerfeier, in der der Versuch unternommen wird, das Ganze eines Lebens in seinen Zusammenhängen zumindest brennpunktartig zu würdigen und ihm die gebührende Achtung zu erweisen. Auch hier enden mit dem Abschluss des Rituals im engeren Sinn ja keineswegs die Auswirkungen dieses Todes. Jahre-, manchmal jahrzehntelang kann so ein Verlust Menschen prägen und durch sie wiederum andere Menschen.

Je mehr wir versuchen, Anfang und Ende von Ritualen auf den Grund zu kommen, desto mehr erweist sich, dass wir dabei auf ein dicht geflochtenes Netzwerk von schwer überschaubaren Zusammenhängen stoßen – wie bei unterirdischen Fadenzellen, einem Myzel, aus dem sich wohl da und dort Pilze entwickeln, die aber kaum mehr sind als Hinweise auf eine Vernetztheit, die weit größer ist als das, was wir sehen können.

Beginn und Ende stehen keinesfalls getrennt neben- bzw. hintereinander, sondern sind durch eine ganz eigene Beziehung verbunden. Versetzen wir uns einmal im Geiste in ein gehobenes Restaurant. Bevor es mit dem eigentlichen Essen losgeht, kommt da schon ein Gruß aus der Küche, das Amuse-Gueule, eine leckere, optisch ansprechende Winzigkeit, um den Appetit anzuregen und die Vorfreude zu steigern.

Fragt man sich, weshalb sich da ein Lokal in Kosten stürzt – was es ja gar nicht müsste –, kommt einem bald in den Sinn, warum sich dieser Brauch in besseren Restaurants eingebürgert hat. Die Köche wissen, wie Erinnerung funktioniert: Unser Gehirn merkt sich sowohl den Beginn wie das Ende einer Tätigkeit am leichtesten. Darum wird am Ende eines Mahles gern eine feine Nachspeise samt Kaffee, Espresso, Schnaps, Likör oder Ähnlichem gereicht. Und wie manche Menüs geschmacklich wie optisch durchkomponiert werden mit Kontrasten und Höhepunkten, mit sich ergänzenden und sich widersprechenden Komponenten, um den Geschmackssinn zu kitzeln, auszuweiten und immer neu zu überraschen, so ist es auch bei einem gelungenen Ritual.

Markante Punkte

Zu Beginn einer Feier wird – oft anhand weniger Kleinigkeiten – die Atmosphäre des ganzen Rituals geprägt. Wie ist der Raum für das Ritual gestaltet und geformt? Wo, wie und worauf sitzen die Mitfeiernden? Woher kommt das Licht? Wie erklingen die Musik und das Wort? Gibt es eine Art Einzug zu Beginn – und von wem? Und falls ja: zu welcher Musik, mit welchem Schwung? Wer ergreift zuerst das Wort und begrüßt?

Je nachdem, welche Rolle diese Elemente spielen, entwickeln sich Feiern von Beginn an in diese oder jene Richtung: steif oder feierlich, locker oder ernst, lustig, offen, frei oder zögerlich, behutsam oder ängstlich … Schon welche Musik zu Beginn erklingt – ob live oder von einer Anlage –, ob klassisch, Pop, Rock, Techno, Wave, Deutscher Schlager oder Kirchenlied – wird eine Richtung vorgeben.

Was bei den Mitfeiernden auf jeden Fall hängenbleiben wird, ist neben dem Beginn auch der Schluss. Gibt es einen klaren, für alle ersichtlichen Abschluss der Feier oder trudelt sie aus? Wird noch einmal auf den Anfang zurückgekommen oder hängen die beiden Punkte beziehungslos nebeneinander? Ist bis zum Ende ein Formwille spürbar, eine sichtbare Handschrift, eine erkennbare Komposition? Werden Anfang und Ende klar markiert, bewusst angegangen und geformt, erhöht sich die Chance auf ein stimmiges Ritual deutlich.

Manche Rituale werden als Schwellenrituale bezeichnet, weil sie an einschneidenden Übergängen des Lebens sozusagen über diese Schwelle geleiten. Anfang und Ende innerhalb eines jeden Rituals kann man sich als solche Schwellen vorstellen, bei denen es besonderer Umsicht wie einer festen Struktur bedarf.

Wer Rituale leitet, wird es als hilfreich empfinden, sich an eigene kleine Rituale vor dem Beginn wie nach dem Ende einer Feier zu gewöhnen. Schauspieler:innen etwa können mit dem Schminken bzw. Einkleiden langsam in die zu spielende Rolle schlüpfen und am Ende etwa mit dem Fuß fest auf den Boden stampfen, damit sie aus einer übernommenen Rolle wieder bewusst hinüberwechseln zur eigenen Person.

Wer über Jahre oder Jahrzehnte viele Trauerfeiern begeht und Trauernde begleitet, wird dies schnell als eine eminent wichtige Überlebenshilfe begreifen. Gleich, welches Ritual gefeiert wird, immer werden dabei Wirkungen frei, die über das Handhabbare hinausreichen. Den Schluss klar zu markieren, ist unabdingbar gerade auch für die Leiter:innen selbst, um sich vom Erlebten wieder lösen zu können.

Zusammenfassung

Versuchen wir Anfang und Ende von Ritualen eindeutig zu bestimmen, finden wir uns schnell in einem Netzwerk mannigfaltiger Beziehungen wieder, die sich kaum aufdröseln lassen. Eine Grenze bedeutet eben nie nur Abgrenzung, sondern immer auch Übergang. Innerhalb des ›eigentlichen‹ Rituals sind Anfang und Ende Schwellenorte, die es klar zu markieren wie zu strukturieren gilt. Beide stehen in einer engen Beziehung zueinander, wirken aufeinander ein und geben den Rahmen für ein kraftvolles Ritual ab. Leiter:innen von Zeremonien hilft ein persönliches Ritual zum Hineinfinden wie zum Loslassen, zur Stärkung der eigenen Rolle wie zum Schutz der persönlichen Integrität.

II. Praktisches

Kreativität ermöglichen

Von Picasso wird der Spruch überliefert, dass er sein halbes Leben gebraucht habe, um malen zu lernen wie die alten Meister. Nun benötige er den Rest seines Lebens, um malen zu lernen wie ein Kind.

»Ich suche nicht, ich finde.«
(Pablo Picasso)

Kreativität meint also wohl, den Zugang zum ›inneren Kind‹ wiederzufinden. Zu jenem Kind, das wir alle einmal waren, das offen, ungezwungen und frei den eigenen Ideen nachging, unbeeindruckt davon, was andere dazu sagen oder meinen. Auch wenn der Zugang dazu gelegentlich verschüttet oder verbaut erscheint: Dieses Kind lebt in uns allen.

> *»Ich suche nicht, ich finde. Suchen geht aus vom Alten, verlangt im Neuen nach Bekanntem. Finden hingegen, das ist das völlig Neue, auch in der Bewegung. Alle Wege stehen offen, und was man findet, weiß man nicht. Es ist ein Wagnis, ein heiliges Abenteuer. Auf die Unsicherheit solcher Wagnisse können sich nur die einlassen, die im Ungeborgenen sich geborgen wissen; die in Unsicherheit und Führungslosigkeit geleitet sind; die sich im Dunkeln einem unsichtbaren Stern überlassen; die sich von Zielen anziehen lassen und nicht in menschlicher Begrenztheit und Enge das Ziel bestimmen.« (Pablo Picasso)*

Viele Erfindungen und große Entdeckungen wurden im Traum gemacht. Nach Zeiten intensiven Nachdenkens, nach oft jahrelanger Auseinandersetzung mit einer Fragestellung ergab sich schließlich, sozusagen über Nacht und intuitiv, die Lösung des Problems: Heureka! Das ist es!

Davon lässt sich lernen: nach intensivem Kreisen um eine Aufgabe, nach beständigem Hin- und Herbewegen in Ruhe darüber schlafen, um beim Aufwachen schon gespannt zu sein, was das Gehirn sich über Nacht zusammengereimt haben mag. Je öfter man so an Herausforderungen herangeht, desto gelassener – wenn auch nicht weniger erstaunt – kann man schließlich förmlich darauf warten, was sich Neues einstellen wird.

Die Haltung zum inneren Kind, die eigenen Erfahrungen mit unverhoffter Kreativität, der persönliche Spaß an Neuem und Ungewohntem – all das überträgt sich ebenso sicher wie unmerklich auf andere, die am Zustandekommen eines Rituals beteiligt sind. Wie so oft sind es die kleinen, unbewussten Zeichen, die signalisieren (und bewirken), ob es Raum gibt für Überraschungen und Ungewisses oder ob sich im Auftreten Starre, Rigidität und feste Formen widerspiegeln.

Neue Rituale

Fragt man sich, was denn Neue Rituale von den alten unterscheidet, ist dies der entscheidende Punkt: Offenheit für Neues! Offenheit für Überraschendes, Ungewohntes, vielleicht sogar für auf den ersten Blick Befremdliches und Widerborstiges! Das gilt sowohl für den Inhalt einer Feier wie für deren Form.

Wer hier entgegnet: »Wer für alles offen ist, kann nicht ganz dicht sein«, dem sei sanft widersprochen. Der berühmte Satz »Das haben wir schon immer so gemacht« gilt nicht zu Unrecht als einer der großen Killer für Innovationen, Veränderung und Frischluft in muffigen Kammern. Niemand kann von vornherein wissen, was für den/die andere(n) ein passendes Ritual ist, auch (und gerade?) mit jahrzehntelanger Erfahrung nicht. Es gilt, herauszufinden, was für diesen Menschen in dieser Situation passt.

Beispiel aus einer Trauungsfeier

Vor mir saß ein – ziemlich zerfleddertes – Punkerpärchen. Als wir gemeinsam einen möglichen Ablauf besprochen hatten, schlugen sie vor, vor der eigentlichen Trauzeremonie bei einem ruhigen Lied ihre Ringe herumgehen zu lassen. Die Ringe herumgehen lassen? Nie davon gehört. Auch als sie es näher erklärten, beschlich mich eher ein dumpfes Unbehagen, ob da nicht etwas ins Esoterisch-Kitschige abgleiten könnte.

Am Tag der Trauung hatte sich ein buntes Völkchen eingestellt. Die Klamotten von drei Vierteln der Gesellschaft waren reichlich zerrissen, während das andere Viertel – die Eltern und Verwandten – brav in Kleid und Anzug dasaß. Vor und während der Trauzeremonie ging es recht munter zu – bis zu jenem stilleren Lied, als an einer langen Schnur die Ringe durch die Reihen der Mitfeiernden gefädelt wurden, damit alle, die das wollten, sie in die Hände nehmen und still einen guten Wunsch darüber sprechen konnten.

Erstaunt nahm ich wahr, wie die Runde ruhiger, dann still wurde. Auf einmal breitete sich eine Atmosphäre von Ergriffenheit und Tiefe aus. Auf diesem Untergrund tauschten die beiden dann die Ringe aus und sprachen sich ihre Liebe in einem persönlichen Trauversprechen zu.

Erst im Nachgang wurde mir deutlich, was geschehen war: Durch die Schnur, die von den Trauzeugen zuvor durch die Reihen gelegt worden war, fühlten sich alle sichtbar miteinander verbunden. Durch das Sehen und Berühren der Ringe wurden alle, die selbst einmal geheiratet hatten, an ihre eigene Trauung erinnert samt den Gefühlen, die sie damals hatten. Durch die Einladung, still einen guten Wunsch über die Ringe zu sprechen, wurde die Beziehung zum Paar noch einmal vertieft. Das alles geschah, ohne dass irgendjemand ein Wort sagen musste oder sich von seinem Platz zu erheben hatte. Dann kamen die beiden Ringe nach vorn, gewärmt von den Händen der Mitfeiernden und deren Wünschen, um von den beiden Liebenden getauscht zu werden.

Wie ließe sich die Zusammengehörigkeit untereinander in der Zeremonie wie die Verbundenheit mit dem Paar symbolisch besser ausdrücken? Seit dieser Feier berichte ich anderen Paaren davon und freue mich darüber, wenn manche sich entschließen, in ihrer Trauzeremonie etwas Ähnliches zu gestalten.

Zusammenfassung

Eines der wichtigsten Unterscheidungsmerkmale von Neuen Ritualen besteht darin, dass dabei ungewohnte kreative Elemente ihren Platz finden. Je eher dieser persönliche Zuschnitt einer Feier sich im gemeinsamen Planen des Rituals entwickelt, desto mehr wird dies samt den neuen Elementen als stimmig erlebt. Ein wichtiger Zugang zur Kreativität öffnet sich, wenn dem ›inneren

Kind‹ weiter Raum gelassen wird – jenem Persönlichkeitsanteil, der völlig unbekümmert um Lob oder Tadel, um andere Meinungen oder Ansichten seine Ideen sprühen lässt.

Menschen zum Eigenen ermutigen

»Fachleute nennen sich jene, welche dieselben Fehler schon seit 20 Jahren machen …« Dieses sarkastische Bonmot birgt einen wahren Kern. Die Haltung ›Ich (allein!) weiß wie es geht, und alle anderen haben wenig oder keine Ahnung‹ findet sich bei ›Fachleuten‹ aller Art. Eine dazu direkt gegensätzliche Haltung lautet: »Niemand kann wissen, was genau für andere passt.«

Diese unausgesprochenen, meist unbewussten Grundhaltungen übertragen sich ohne jedes Wort und prägen Rituale und Feiern dadurch oft mehr als vieles andere.

Die Vision hinter den Neuen Ritualen ist, dass jede Frau und jeder Mann in der Lage sein wird, selbstständig Rituale zu entwerfen und zu begehen, für sich – was ja viele Menschen bereits tun – wie für andere.

Kann man ein Leben ohne Mut Leben nennen?

Jegliches Tätigsein ohne Vision verkommt unter der Hand nicht nur zur banalen Routine, sondern schneller als geahnt zum Versacken im Gewohnten und damit zum Verfehlen des ursprünglich Gewollten.

Es braucht folglich Mut, sich mit dem Eigenen, gerade wenn es sich nur leise bemerkbar macht, den überall herumschwirrenden Fachleuten entgegenzustellen. All jenen, die behaupten ›das geht so nicht‹, ›das haben wir noch nie so gemacht‹, ›davon würde ich Ihnen abraten‹, ›das passt aber nicht‹, etc. … Woher die Courage dazu nehmen? Ganz einfach: Wer außer uns soll wissen, was es in der Tiefe bedeutet, wenn unser Kind geboren wird? Wenn unsere Tochter erwachsen wird? Wie wir unsere Liebe feiern? Wie der/die geliebte Tote zu verabschieden ist?

Rituale lassen sich nur als Beziehungsgeschehen begreifen. Das zeigt sich nicht nur innerhalb der Feier selbst, sondern auch schon zuvor in deren Vorbereitung. Es ist ein Prozess des gegenseitigen Austauschs von Wünschen, Erwartungen, Hoffnungen, Ängsten, Vorbehalten und neuen Ideen.

Je offener beide Seiten dabei sein können, je mehr sie sich ihrer Rollen und Haltungen bewusst sind, sich unverkrampft ins Gespräch einbringen, desto eher wird sich Neues, Ungewohntes und persönlich Stimmiges entwickeln. So wird für die Mitfeiernden im Geschehen der Zeremonie schnell spür- und sichtbar, ob ein Ritual zum Anlass wie zu den involvierten Personen passt oder ob es übergestülpt oder gar unglaubwürdig wirkt.

Ein FC-Köln-Fan war verstorben. Um die Urne wurde – wie es sich gehört – sein Fanschal geschlungen. Nach der Ansprache hatten die Angehörigen als Musik die FC-Hymne eingeplant – ein zwischen Schlager- und Fastnachtsmusik schwankendes Mitgröllied. Aber okay, weshalb nicht? Sie mussten ja am besten wissen, was zu ihrem Toten passt.

Sie schlugen vor, danach ein Vaterunser zu beten. Auf den Einwand hin, dies könne eventuell ein holpriger Übergang werden, schauten sie bloß erstaunt. Nun denn, Mut zu Ungewohntem! In der Trauerfeier waren dann alle so angerührt von ›seinem Lied‹, dass das anschließende Vaterunser eine solche stille Kraft entfaltete, wie ich es selten erleben durfte.
Einmal mehr sagte ich mir in der Nachbetrachtung der Feier: Wer außer den Angehörigen kann wissen, was passt? Speziell was Lieder betrifft, die immer einen emotionalen Höhepunkt darstellen, kann nichts zu ausgefallen sein, um seinen Platz zu finden, vorausgesetzt, es erweist sich als stimmig für die Mitfeiernden.

Zusammenfassung

Ohne das selbstbewusste Einbringen persönlicher Ideen und Vorstellungen durch die Auftraggeber:innen wird sich heutzutage nur schwer ein stimmiges Ritual entwickeln. Dafür braucht es einen offenen Austauschprozess zwischen ihnen und dem/der Ritualbegleiter:in sowie beiderseits Mut zu Neuem und Ungewohntem und Freude an Überraschungen.

Das eigene Rollenverständnis zu klären – sowohl auf der Seite derer, die ein Ritual leiten, wie auf der Seite jener, die ein Ritual begehen wollen –, ist dabei unumgänglich. Jede Seite bringt ihr eigenes Profil ein: hier das unersetzbare Wissen um die je eigenen Hintergründe und Wünsche, dort die Erfahrung hinsichtlich Aufbau und Feier eines Rituals. Zum Gelingen eines Rituals braucht es beides.

Zuhören lernen

Michael Ende erzählt in seinem wunderbaren Buch »Momo« eine »Geschichte über die Kunst des Zuhörens«: »Momo konnte so zuhören, dass dummen Leuten plötzlich sehr gescheite Gedanken kamen. Nicht etwa, weil sie etwas sagte oder fragte, was den anderen auf solche Gedanken brachte – nein, sie saß nur da und hörte einfach zu, mit aller Aufmerksamkeit und Anteilnahme.« Wenn Momo ihnen zuhörte, kamen ratlose Menschen darauf, was sie eigentlich wollten, ohne es selbst gewusst zu haben. Wenn Momo ihnen zuhörte, gewannen Schüchterne Mut und Unglückliche Zuversicht. Und wer sich für völlig unbedeutend hielt, dem wurde, wenn Momo zuhörte, klar, »dass es ihn unter allen Menschen nur ein einziges Mal gab und er deshalb für die Welt wichtig war. So konnte Momo zuhören.«

Die Grundlage jedes Rituals bildet das Gespräch und die sich daraus entwickelnde Beziehung. Die Grundlage jedes Gesprächs aber besteht im Zuhören. Aufmerksam und offen, gelassen und gespannt, freundlich und warmherzig. Lässt sich das lernen? Zwei entscheidende Zutaten dafür sind Zeit und Achtsamkeit – genug Zeit zu haben, nicht zuletzt für sich selbst, um so achtsam sein zu können für den Menschen vor einem (wie für sich selbst).

Immer wieder entpuppen sich Trauergespräche als kleines Fest, wenn Menschen zusammenkommen, die zu Beginn unsicher sind, was sie erwarten wird; die betreten sind, nun über Tod, Trauer und Schmerzen reden zu sollen, dazu oft halb blind vor Tränen, Trauer und/oder Wut.

Nach der Erzählung des Sterbeprozesses, die sowohl belastet wie befreit, öffnet sich ein Raum für die Begebenheiten und Charakteristika im Leben des/der Verstorbenen. Allmählich tritt das ganze Leben mit seinen Aufs und Abs, mit Fülle und Leere, mit Versagen und Gelingen vors innere Auge. Diese Geschichte leuchtet auf, jene Anekdote bricht sich Bahn. Wir weinen mit lachenden Augen. Wir lachen unter Tränen. Durch das Erzählen wird die/der Verstorbene mitten unter uns lebendig, sodass sich nach dem Gespräch alle erstaunt die Augen reiben …

Wer Ohren hat zu hören …

»Wir hatten so viel Angst vor diesem Moment und nun freuen wir uns fast auf die Trauerfeier.« Die Trauernden konnten im gemeinsamen Erzählen, im gemeinsamen Weinen und Lachen ein Stück der Lebendigkeit des Toten erfahren und sind nun offen dafür, diesen in der Trauerfeier auf je eigene Weise zu würdigen und sich zu bedanken. So werden sie ihn leichter loslassen können.

Für das Gelingen eines solchen Austauschs, der vergessen Geglaubtes an die Oberfläche bringt, ist es unabdingbar, den anderen Beteiligten ausreichend Raum zu lassen. Das meint für den/die Ritualgestalter:in zum einen, durch die eigene Präsenz, vor allem durch Mimik und Körperhaltung, dazu einzuladen, alles angstfrei an- und auszusprechen. Zum anderen bedeutet es, nicht durch vorschnelle Assoziationen oder aufgrund des Bedürfnisses, selbst zu Wort zu kommen, einen schütteren Erzählfaden abzuschneiden oder ein stammelnd vorgetragenes Erlebnis abzuwürgen.

Dabei gilt es auch, Momente der Stille auszuhalten, nicht jedes aufkommende Schweigen zuzuschütten oder tiefergehenden Fragen, Trauer oder Wut furchtsam aus dem Weg zu gehen. In so einem ›Raum des Wohlwollens‹, gebildet durch aktives Zuhören, kann vergessen Geglaubtes sich an die Oberfläche wagen und eine neue Perspektive emöglichen.

Zuhören geht dabei weit über ein ›reines Hören‹ hinaus. Es bezieht alles mit ein. Zunächst die leicht übersehbaren visuellen Zeichen: wie jemand geht, sitzt, spricht, Raum für sich einnimmt, schweigt, lacht, weint.

Wie vorbewusste Gesten das Gesagte unterstreichen oder konterkarieren. Ob sich Augenkontakt einstellt oder ob und wie er vermieden wird. Dann aber auch, wie die Wohnung eines Verstorbenen eingerichtet ist, wie die Lichtverhältnisse dort sind, der Geruch und die Atmosphäre.

Entwickeln sich Sympathien und weshalb? Oder Antipathien und warum? Was sind dabei meine eigenen Anteile und was wird mir vom Gesprächspartner / von den Gesprächspartnerinnen zugespielt? Was nehme ich in der Kommunikation wahr auf einer Ebene ›auf dem Tisch‹ und was spielt sich sozusagen ›unter dem Tisch‹, eher verborgen oder verschämt ab? Zuzuhören ist eine eigene Kunst, mit der niemand je an ein Ende kommen wird.

Um sich selbst wissen

Bei jedem Gespräch, bei jeder Kommunikation mit Leib und Seele spielt nicht nur das Gesagte eine Rolle, sondern ist entscheidend, was vom Gesagten bei mir ankommt (und wie), also was (und wie) ich wahrnehme. Dies wiederum hängt davon ab, wie präsent ich bin, aber auch von meinem persönlichen und familiären Hintergrund.

Bei Gesprächen um Geburt und Aufnahme eines Kindes spielt automatisch die eigene Kindheit mit hinein, der eigene Kinderwunsch, mein Verhältnis zu Kindern und Familie. Bei Hochzeitsfeiern wird einem direkt die Frage gespiegelt, wie es in der eigenen Beziehung aussieht bzw. wie ich meinen momentanen Beziehungsstatus empfinde. Bei Trauergesprächen treten unweigerlich meine familiär geprägten Muster, Vorbehalte oder Ängste im Umgang mit Krankheit, Trauer und Tod zutage.

Ohne ein Mindestmaß an Selbsterfahrung, ohne zumindest ein wenig über die eigenen persönlichen Hintergründe reflektiert zu haben und sich mit kompetenten Personen darüber auszutauschen, wird sich ständig das Eigene mit dem Berichteten ungut vermengen, ja verwechselt werden. Das wirkt sich bei allen Ritualen verhängnisvoll aus, wird aber besonders bei Trauerfeiern zu einer echten Gefahr, da Trauernde verletzlich und sensibel sind, sich sozusagen gerade häuten und darum besonderer Sorgfalt und Rücksicht bedürfen. Wer hier einfach meint: ›So ein bisschen reden, das kann ich doch auch!‹, trampelt im Handumdrehen mit Nagelschuhen auf verwundeten Menschen herum.

Sensibilität einüben

Lässt sich Sensibilität oder Einfühlsamkeit einüben, gar trainieren? Oder können es die einen einfach so, während manche andere (auch unter denen, die sich als Seelsorger:innen bezeichnen) diese Gabe nicht zu besitzen scheinen?

Sagen wir es so: Achtsamkeit sowohl anderen wie sich selbst gegenüber lässt sich einüben. Wie? Etwa in verschiedene Räume gehen, dort einen ruhigen Platz suchen und den Raumeindruck still fünf Minuten auf sich wirken lassen. Die wahrgenommenen Eindrücke notieren. Und nochmals nachspüren, was die Atmosphäre dieses Raumes in mir auslöst. Oder still eine Farbe auf einem Blatt Papier betrachten. Aufschreiben, welche Wahrnehmungen und welche Assoziationen z. B. Rot oder Lindgrün auslösen. Einem anderen Menschen zwei Minuten still gegenübersitzen und ihr/ihm dabei in die Augen schauen, ohne den Blick abzuwenden. Danach notieren, was ich wahrzunehmen glaubte. Und nachspüren, was das in mir auslöst. Und darüber ins Gespräch kommen.

Solche Übungen lassen sich spielerisch vielfach variieren, immer mit je zwei Blickrichtungen: Was nehme ich wahr? Und: Was löst dies in mir aus?

Wer Spaß am Umgang mit anderen Menschen findet, wer sich einübt ins Zuhören – sich wie anderen –, dem werden manche neue Welten aufgehen. Jeder Mensch bedeutet – wiewohl vielfach verbunden – ein Universum für sich. Über die Jahre werden nicht nur Sensibilität und Empathie trainiert, sondern erweitert sich auch das eigene Repertoire. Dies gilt selbstredend auch für die Feier von Ritualen. Beim Austausch mit Kolleg:innen, aber vor allem auch im Feiern von Zeremonien, die von den Beteiligten mitgestaltet werden, lernt man immer wieder staunend dazu.

Da fragt das Hochzeitspaar, ob es denn in Ordnung sei, wenn einer der Trauzeugen beim Ritual noch eine Überraschung einbringen würde. Lächelnd stimme ich zu. Kurz vor der Feier tritt der Trauzeuge des Bräutigams heran mit dem Anliegen, nach der Ansprache, also direkt vor der eigentlichen Trauungszeremonie alle Mitfeiernden zu einer kleinen Stille-Meditation von drei Minuten einzuladen. Wie alle wüssten, meditierten er und der Bräutigam ja öfters gemeinsam. Im Blick auf die Runde – etwa 70 Gäste samt 15 munteren Kindern jeglichen Alters – zucke ich kurz zusammen. Die trauen sich was!
Aber siehe da, nach einem lautstarken Beginn, einer launigen Rede, die immer wieder von Lachen und Beifall unterbrochen wird, senkt sich nach der Einleitung des Trauzeugen eine gelassene Stille über die Runde. Drei Minuten sind lange. Sehr lange … und vergehen doch im Nu. Auf diesem gesammelten Bei-sich-Sein als Resonanzboden sagen sich dann die zwei ihr persönliches Trauversprechen zu und tauschen die Ringe. Nicht nur ich bin sehr davon beeindruckt.

Zusammenfassung

Rituale sind ein Kommunikationsgeschehen. Sie gründen in Gespräch und Austausch. Ihrerseits stellen sie Verbindungen unter den Mitfeiernden wie darüber hinaus her.

Eine wesentliche Bedingung für gelingende Kommunikation ist die Fähigkeit, zuzuhören. Ohne Sensibilität und ein gutes Stück Selbstreflexion wird dies kaum gelingen.

Wer die Fähigkeit des Zuhörens – sich selbst wie anderen gegenüber – einübt, gewinnt eine elementare Basis zur Feier von Ritualen. Nicht zuletzt erhält das aktive Zuhören lebenslang die Offenheit für andere Menschen und wehrt damit jeglichem Erstarren im Üblichen und jener verstaubten Langeweile, die leider manche althergebrachten Rituale kennzeichnet.

Dynamische Elemente einbeziehen

Die Rituale der Urzeit sind ohne Musik und Tanz nicht vorstellbar. Daran lassen die Funde von Flöten in Steinzeithöhlen keinen Zweifel. Es fällt nicht schwer, sich die fantastischen Höhlenbilder von Alta Mira im Flackern der Fackeln, bei Musik und Tanz vorzustellen. Zu Beginn waren Religion, Kultur, Musik und Bewegung eins, nicht anders als heute noch in weiten Teilen Afrikas, wo sich niemand einen Kult – gleich welcher Art – ohne Gesang, Musik und Tanz vorstellen kann. Selbst in einem christlichen Gottesdienst werden die Gaben – zu Musik natürlich – zumindest tänzelnd nach vorn gebracht.

Vieles in unserer modernen Musik fußt auf den Gospel-Songs der schwarzen Sklaven in den Amerikas und der Karibik, denen alles genommen wurde außer ihrer unbändigen Kraft zu hoffen, zu feiern und Musik zu machen. Blues, Rock, Hip-Hop samt den dazugehörigen Moves – nicht denkbar ohne diese Wurzel.

In unseren Breitengraden glaubt man, Sitzen, Stehen und Zuhören sei schon das Äußerste an Beweglichkeit im Kult, eventuell noch Knien oder ein Ein- bzw. Auszug.

Längst ist das Tanzen ausgewandert in Diskotheken, Clubs oder Konzerte. Dabei kann jede und jeder selbst leicht nachempfinden, wie verschieden es sich anfühlt, während eines Rituals bloß dazuhocken oder mit seinem Leib mittels Bewegungen unmittelbar einbezogen zu werden.

Wer nicht tanzt, versteht nicht, was geschieht.

Deshalb heißt es ja, ein Ritual wird »begangen«. Das Einbeziehen der Poesie des Körpers erschließt wie nebenbei ganz andere Dimensionen unseres Seins, die über das rein Rationale, über den Verstand, das Sehen oder Hören weit hinausreichen. Der Leib ist das Symbol für den Menschen. In und durch und mit ihm leben wir, sind wir und zeigen wir uns. Je mehr er angesprochen und mitgenommen, eingefordert und in Schwung gebracht wird, desto mehr entfalten sich die Kräfte einer Zeremonie. Prozessionen, Militärparaden, Demonstrationen, Sit-ins, Fan-Choreographien, die La-Ola-Wellen in Stadien, das Aufstehen bei Gericht, wenn die Richterin erscheint, die wilden Tänze bei Raver-Partys quer durch die Stadt, die Umzüge an Fastnacht oder am Christopher-Street-Day, hüpfende Jugendliche bei den Protestzügen der Fridays-for-Future-Bewegung führen uns das vor Augen.

Bei Ritualen wirkt sich die Dynamik des Anfangs auf den weiteren Verlauf der ganzen Feier aus. Wer darum weiß, wird den Beginn entsprechend gestalten und dadurch ohne viel Aufwand die ganze Zeremonie prägen.

Ob jemand zur Leitung einer Trauerfeier durch die Seitentür hereinhuscht oder in aller Ruhe, ja in zeremonieller Langsamkeit durch den Haupteingang einherschreitet, setzt körperliche Impulse, die wirken. Ob zu Beginn einer

Hochzeitsfeier die Braut vom Papa gebracht und einem anderen Mann (für wie viele Kamele eigentlich?) förmlich überreicht wird oder ob das Paar zu fetziger Musik hereintanzt und die Mitfeiernden lachend abklatscht, macht einen wesentlichen Unterschied aus. Hier das traditionell-formell Steife, dort eine Woge der Emotionen, auf der sich galant durch die Feier surfen lässt.

Den Körper beteiligen

Angesichts von Tod, Leid und Trauer fühlen sich viele Angehörige hilflos und mit nicht kontrollierbaren Emotionen konfrontiert. Noch immer sind Klagen, Weinen, Trauer, Sterben, Tod oder der Umgang mit Verstorbenen stark tabuisiert. Als Folge davon und als Folge von ebenfalls hilflosen Ärzt:innen sitzen nicht wenige der Trauernden mit Tabletten ruhiggestellt beim Abschied ihrer Toten …

Den Leib einzubeziehen, hilft gegen Verzweiflung und das lähmende Gefühl, nichts tun zu können und dem Tod hilflos ausgesetzt zu sein. Möglichkeiten sind etwa, zu Beginn Kerzen vor dem Bild der Verstorbenen zu entzünden; vor dem Gang ans Grab nochmals den Sarg / die Urne des Toten zu berühren und dabei Abschiedsworte zu sprechen; die Urne selbst oder abwechselnd mit anderen zum Grab zu tragen; persönliche Abschiedsgaben ins Grab zu geben; gemeinsam im Gedenken an die Verstorbene am Grab zu essen oder zu trinken und ihn/sie daran symbolisch als letzte Wegzehrung teilhaben zu lassen.

Bei Trauungsfeiern finden – um ein Beispiel zu nennen – alle eine Rose, einen Halbedelstein, eine Muschelschale auf ihrem Platz vor, stehen dann zur Trauzeremonie auf, bilden einen Kreis ums Paar, legen dort ihre Gegenstände ab, und in diesem Kreis sagen dann die Brautleute als Mittelpunkt der Feier einander ihre Liebe zu.

Oder alle bilden am Ende des Hochzeitsrituals mit ihren Händen ein Spalier, durch welches das Brautpaar gebückt hindurchschreitet und durch das sich dann auch alle anderen, dem Paar folgend, hindurchwinden, um so zum Ort der Gratulation und des Sektempfangs zu gelangen.

Bei Geburtsfeiern befindet sich eine Decke in der Mitte, auf der das Baby oder Kind während der Feier bequem liegen kann. Nach den Aufnahmeriten können alle Mitfeiernden einen Zipfel des Tuches ergreifen und das Kleine darin sanft hin- und herwiegen – als sprechendes Bild dafür, dass alle Menschen in einem Beziehungsnetz leben und nur so groß werden können. Gefällt es dem Kind (und den Eltern), kann man die Decke auch sacht anziehen, sodass das Baby / das kleine Kind dadurch etwas in die Höhe geworfen wird: ein Zeichen der Freude, des Überschwangs, des Jubels über das Neue, des Überschusses über alles Vernünftig hinaus, das Leben stets bedeutet.

Tanz

Das berühmte minoische Labyrinth in Knossos auf Kreta, der ersten europäischen Hochkultur, war aller Wahrscheinlichkeit nach eine Anlage zum Tanzen. Auf flachem Boden war ein labyrinthischer Weg eingezeichnet, auf dem getanzt wurde. Rechts herum für das Leben, links herum für den Tod. Sternbilder mögen dabei eine Rolle gespielt haben. Wie auch immer, der kultische Tanz hielt sich länger als gedacht, wie wir diversen Warnungen in den Schriften antiker Kirchenväter entnehmen können. Gerade an Ostern wurde in den Kirchenlabyrinthen, die im Hochmittelalter in den gotischen Kathedralen auftauchten, getanzt, gescherzt, gelacht und dabei mit einem goldenen Ball – einem Sonnensymbol? – gespielt.

Tanz und Kult jedenfalls sind enger verwandt, als es sich die meisten träumen lassen. Immerhin sehen viele berühmte Clubs aus wie Untergrundkirchen, mit perfekt choreographierter Beleuchtung und angesagten DJs, die angehimmelt und vergöttert werden.

Auch heutzutage finden sich noch Verbindungen zwischen Ritualen und Tanz. Anlässlich einer Hochzeit tanzte die Schwester der Braut, aus Berlin in die Provinz gekommen, mit kahlgeschorenem Schädel zu abgefahrener Musik um den Altar einer kleinen Kirche. Absolut brillant, optisch überwältigend und selbst von Oma samt Opas anstandslos akzeptiert. Da war eine indische Tempeltänzerin, die zur Orgelmusik vor atemlos Staunenden durch ihre uralte Kunst bis in die kleinsten Fingerbewegungen hinein den Raum mit Präsenz flutete. Da gibt es Paare, die sich ihr Trauversprechen in einem mit einem Seil gelegten Labyrinth zusagen, in dem sie – vorbei an symbolischen Gegenständen, die ihre Paargeschichte versinnbildlichen – gemeinsam zur Mitte gehen. Dort sagen sie einander ihr Versprechen zu, um in einer Umwendung als ›Neugewordene‹, als Eheleute wieder hervorzutreten. Ich erinnere mich an zwei begeisterte Tänzer, die sich an der Hand hielten, sich dann losließen, um in einer spiralförmigen Schreitbewegung wieder aufeinander zuzugehen. Damit drückten sie leibhaft-bildlich aus, dass jede Beziehung aus der rechten Mischung von Nähe und Distanz, Ruhe und Dynamik, Einander-zugewandt-Sein wie Sich-selbst-zugewandt-Sein besteht. Danach trugen sie sich ihr Traueversprechen vor.

In allen Religionen findet sich eine – zumeist weibliche – Verkörperung jener Dynamik, an der wir teilhaben mit unserem Atem, dem Pulsschlag des Herzens, der uns verbindet mit den kreisenden Gestirnen über uns und den tanzenden Elektronen in uns. Im Jüdischen ist das *haChokmah,* die Weisheit; im Christlichen die *Hagia Sophia,* die Geistbraut; im Muslimischen *Maria* als blau tanzende Flamme, im Hinduismus die sechsarmige *Shiva,* die mit ihrem Tanz die Welt erschafft und vernichtet zugleich …

Vortänzerin Du
des kosmischen Reigens,
Pulsschlag des Universums:
Sterne mit ihren Planeten,
Pulsare, Quasare und Galaxien
wirbeln mit Dir umher
im kreisenden Tanz.
Quecksilbrige,
wer vermag Dich je ruhig
in Händen zu halten?
Unruhestifterin, Grenzen sprengend
von Urwirbeln an,
im Unwahrscheinlichen schaffst
Du Atemraum,
Herzschlag
des Lebens
in allem, was ist.

Zusammenfassung

Im Gegensatz zu unserer westlichen, eher vernunftgeprägten Kultur, die sich auf Sehen, Hören und Denken spezialisiert, gewinnen Rituale an Kraft, Dynamik und Verbundenheit, wenn leibhafte Elemente bewusst einbezogen werden. Der Leib versinnbildlicht als erster und vorwiegender Ausdruck jeden Menschen. Kommt er in Bewegung, bewegt das den ganzen Menschen mit allen seelischen, körperlichen und verstandesmäßigen Kräften. Finden Rituale im Freien statt, eröffnet dies ein weites Feld neuer Möglichkeiten, den Raum zu beschreiten, zu durchtanzen, sich darin zu bewegen. Ohne die ›Poesie des Körpers‹ verarmen und verflachen Rituale schnell zu bloßen Events oder mehr oder minder gelungenen Theatervorstellungen (denen man unbeteiligt beiwohnt, dabei auf die Uhr schielend, wann sie denn endlich vorüber sind).

Lebenslanges Lernen

»Du wirst so alt wie eine Kuh – und lernst immer noch dazu …«

Wie alt wird eine Kuh eigentlich? Im Schnitt zwischen 15 und 20 Jahre, allerdings in unseren Breiten – aufgrund der industriellen Massentierhaltung – kaum älter als fünf oder sechs Jahre, da sie dann wegen nachlassender Milchleistung geschlachtet wird. Eine der ältesten Kühe lebte wohl in Irland und wurde sagenhafte 48 Jahre alt … Bei Bisons sieht es übrigens ganz ähnlich aus: In freier Wildbahn sollen sie bis zu 20 Jahren alt werden, in Gefangenschaft auch mal bis zu 40 Jahren.

Aber hier geht es ja – bei aller sprichwörtlichen Neugier – weder um üble Rituale der fabrikmäßigen Tierhaltung noch um Zoologie, sondern um Neue Rituale. Die brauchen Neugier, Offenheit und Interesse an Menschen, um frisch zu bleiben, lebendig und überraschend. Niemand wird so alt, dass er oder sie nicht noch dazulernen könnte. Andererseits scheint dies keine Selbstverständlichkeit zu sein. Denn wohl beinahe jede/r wird von Ritualen berichten können, bei denen die Leiter:innen so abgestumpft, uninspiriert und gelangweilt wirkten, dass einen das Grausen überfiel.

Gerade weil das Motto *lebenslanges Lernen* so geläufig daherkommt, mag es kein Fehler sein, kurz innezuhalten. ›Flexibilität‹ und ›lebenslanges Lernen‹ entlarven sich bei genauerem Hinsehen oft als verschleiernde Grundvokabeln eines Neoliberalismus. Der fordert unverfroren von jeder/jedem Einzelnen Anpassungswillen und -fähigkeit, meist auf eigene Kosten und ohne dahinterliegende Eigeninteressen zu erwähnen. Jede/r scheint nur für sich selbst verantwortlich zu sein, niemand aber für das Ganze oder für Rahmenbedingungen, die nicht auf Vereinzelung, Ich-AGs und freie Verfügbarkeit bei minimalem Lohn abzielen. Kaum überraschend, dass sich ein großer Markt samt unzähligen – meist ebenso wertlosen wie überflüssigen, aber teuren – Zertifikaten um diesen Komplex bilden konnte.

Demgegenüber wird *hier* für ein Lernen mit dem plädiert, was einem entgegenkommt. Wer mit Menschen umgeht, arbeitet vor allem mit der eigenen Persönlichkeit. Die reift, wenn man sich beherzt jenen Herausforderungen stellt, die das Leben von selbst mit sich bringt.

Ein bevorzugter Lernort für alle, die Rituale feiern, findet sich direkt vor der Nase: das eigene Leben mit seinen persönlichen kleinen Ritualen vom Aufstehen am Morgen über Mittagessen und Kaffeetrinken bis zur Gestaltung des Abends oder zum Zubettgehen; mit größeren beruflichen oder privaten Veränderungen, kleinen oder großen Verabschiedungen, Umzügen, Krankheiten, Feiern aller Art. Die Liste ließe sich leicht verlängern, wird doch das persönliche Leben mehr von diesen Mikro-Ritualen geformt, als es uns üblicherweise klar ist. Es geht z. B. um Paarrituale, Geburtstagsfeiern, darum, wie Freund:innen willkommen geheißen oder verabschiedet werden, ob (und falls ja, wie) wir in Urlaub gehen und davon wieder zurückkehren, bis hin zur (farblichen) Gestaltung von Wohnung, Haus oder Garten.

Dies bewusst wahrzunehmen, ist ein erster Lernschritt: Warum mache ich das eigentlich so? Woher kommt das? Hilft es mir oder engt es mich ein? Wie wäre es, alte und eingefahrene Rituale einmal abzuändern? Vielleicht passt ja heute etwas anderes besser zu mir oder zu uns als Paar, Familie, Gruppe? Wofür habe ich, haben wir Rituale und wofür nicht? Und weshalb? Ist die Aufmerksamkeit für dieses alltägliche Ritualnetz einmal geschärft, öffnet sich ein weites Feld, auf dem immer Neues zu entdecken, zu bestaunen und zu lernen sein wird.

Gelegentlich irritieren Kolleg:innen, die heiraten, ohne ein besonderes Ritual zu gestalten (»Das brauchen wir nicht! Das Standesamt reicht für uns völlig aus.«). Vielleicht findet ihr Ritual danach in einer ungezwungenen Feier mit Familie und Freund:innen statt, so wie sie es gewohnt sind bzw. von Klein auf gesehen und gelernt haben. Wie auch immer, es lohnt sich auf jeden Fall, bei den großen Anlässen des Lebens – Geburt eines Kindes, Erwachsenwerden von Sohn oder Tochter, Heirat, Tod eines Partners oder einer guten Freundin – jenseits des eigenen emotionalen Verwobenseins anschließend nochmals mit einem professionellen Blick genauer hinzuschauen: Wie wurde diese Lebensschwelle gestaltet? Was bedeutet mir das? Warum hat es in mir dies oder jenes ausgelöst? Und sicher auch: Was lässt sich daraus positiv lernen und was beim nächsten Mal anders, vielleicht besser gestalten?

Dem Leben auf der Spur

Meine Frau und ich sind oft umgezogen. Bei jedem Umzug haben wir manches dazugelernt. Als ›Profis‹ wurden wir darum gern von Freund:innen angefragt, ob wir nicht bei deren Umzug helfen könnten. Neben den vielen praktischen Dingen wie Vor- bzw. Aussortieren von Überflüssigem, Packen, Wohnung und Keller ausräumen, Verstauen der Dinge im Lkw etc. geriet uns dabei immer mehr die Situation als solche in den Blick: Wie können wir uns so vom alten Umfeld verabschieden, dass wir gut am neuen Ort ankommen können? Wie können wir das Ankommen dort so begehen, ja feiern, dass Raum für Neues wird? Mit der Zeit stand uns der Umzug immer klarer als Schwellensituation vor Augen.

Bei einem Umzug von Freunden in die Schweiz überraschten sie uns dort mit einem alten Schweizer Ritual: dem Ausräuchern. Unsere Freunde wussten, dass der Geist, der in ihrer neuen Wohnung unter den Vormietern geherrscht hatte, nicht der beste gewesen war. Bevor sie nun mit ihren Kindern dort einzogen, wurden in einer alten

Pfanne wohlriechende Zweige, Kräuter und Weihrauch verbrannt. Damit zogen wir von Raum zu Raum, bis alles wunderbar duftete.

Dieser halb heidnische, halb christliche Brauch gefiel und beeindruckte uns, sodass wir seither, wenn wir in einer neuen Wohnung angekommen sind, immer einige Freund:innen zu einem kleinen Einweihungsfest einladen, das mit einer Räucherzeremonie beginnt, die wir für uns persönlich abgewandelt haben. Singend ziehen wir durch alle Räume des neuen Heimes, schwenken halb spaßig, halb ernst die Räucherpfanne, um so symbolisch die neue Behausung bewusst in Besitz zu nehmen. Aus eigener Erfahrung lässt sich festhalten, wie emotional hilfreich solche oder ähnliche Rituale bei einem Orts- bzw. Wohnungswechsel sein können.

Zusammenfassung

Entgegen dem Trend bzw. der neoliberalen Forderung nach ständiger Flexibilität und lebenslangem Lernen wird hier dafür plädiert, sich mit gelassenem Blick und wachem Interesse dem zu öffnen, was das Leben einem gerade vor die Füße spült. So werden sich Möglichkeiten genug ergeben, den persönlichen Umgang mit Alltagsritualen und größeren Übergängen wahrzunehmen, sie zu überdenken und ab und an zu verändern, wenn etwas besser passt bzw. etwas sich überlebt hat. Mit den Jahren kann so jede/r eine eigene Ritualkompetenz herausbilden – noch vor allen Theorien oder akademischen Überlegungen.

Sich ausbilden und sich weiterbilden

Wie den Begriff ›lebenslanges Lernen‹ kann man auch das Konstrukt der ›Weiterbildung‹ kritisch hinterfragen. Geht das überhaupt, ja muss es denn ›weiter, immer weiter‹ gehen? Oder beruht Bildung nicht eher auf einem langsamen, ja sogar gemächlichen Wachstum, den Jahresringen eines Baumes vergleichbar?

Das deutsche Wort *Schule* jedenfalls stammt vom griechischem *skolē,* was Ruhebank, Ort für Muße bedeutet. Unseren Vorfahren war sonnenklar, dass Lernen, Bildung und Erziehung vor allem mit Zeit, Geduld, Muße und Ruhe zu tun haben, nicht hingegen mit Druck, Eile, Anstrengung oder ständiger Leistungsbereitschaft.

»Nicht das viele sättigt, sondern das Verweilen beim Einzelnen.«

(nach Ignatius von Loyola)

Schauen wir speziell auf die Weiterbildungsmöglichkeiten für Menschen, die Rituale anleiten, so zeigt sich auf den ersten Blick ein weiter Fächer von Möglichkeiten – angefangen bei der Gestaltung einer Website und den vielfachen Möglichkeiten, im Netz auf sich aufmerksam zu machen und am eigenen Profil zu arbeiten, über Sprech-, Atem- und Entspannungsübungen bis hin zu Fragen des Steuerrechts.

Gesprächsführung und Kommunikation

Die Grundlage für Neue Rituale bilden Gespräche mit den Kund:innen, die oft in besonders emotionalen Situationen geführt werden, in denen Vertrauen schnell verloren ist statt aufgebaut – und damit auch die Beziehung, auf der das Ritual beruht.

Grundlagen der Kommunikation – die verschiedenen Botschaften, die in einem Satz gesendet werden, wechselnde Rollen, die eigene Empfängersituation – sollten bekannt, bewusst und eingeübt sein. Zum aktiven Zuhören braucht es neben einer fundierten Ausbildung die Fähigkeit, sich selbst in Frage zu stellen, sowie eine regelmäßige Kontrolle von außen. Wer also nach Möglichkeiten zur Weiterbildung Ausschau hält: Hier ist eine der vordringlichsten, ohne die weder frau noch man sich an diese Arbeit wagen sollte.

Stimmbildung

Die eigene Stimme – als Teil der leiblichen Präsenz – bildet eines der wichtigsten Mittel zur Gestaltung einer Feier. Sie ist, näher betrachtet, eben nicht nur ein Mittel, sondern ein wesentlicher Ausdruck der eigenen Persönlichkeit, der je vorhandenen Stimmung – der Stimmigkeit. Modulation, Tragweite, Stimmfärbung und -höhe lassen sich bis zu einem gewissen Grad durch Atem- bzw. Entspannungstechniken und durch eine saubere Artikulation einüben. Die Stimme transportiert weit vor dem sachlichen Inhalt eine erste und wichtige Botschaft über die Stimmung, die Atmosphäre und die redende Person.

Frei sprechen

Jedes kleine Kind spricht frei. Erst danach lernen wir (wenn wir Glück haben) Lesen und Schreiben. Zuerst spricht jede/r frei. Es macht in der Feier von Ritualen einen wesentlichen Unterschied, ob jemand einen vorfabrizierten Text vom Blatt oder vom Tablet mehr oder minder geschickt abliest oder ob dieser Mensch sich die Fähigkeit angeeignet hat, frei zu sprechen, also mit dem ganzen Körper, mit Blicken, Mimik, Gesten auf die jeweilige Situation eingehen zu können.

Eine freie Rede ist – im Gegensatz zum abgelesenen Text – eine Kunstform, die sich direkt vor den Augen und Ohren der Mitfeiernden vollzieht. Allein weil jemand offen vor den anderen zu stehen vermag, sich leiblich zeigen und einbringen kann, berührt dies ganz andere Dimensionen als bei jemand, der hinter einem Pult stehen oder die sich an ein Papier klammern muss.

Das Einüben ist kein Hexenwerk: Statt einer ausformulierten Ansprache werden nur Stichworte auf Zettel notiert, anhand deren man dann die Rede übt und dabei aufnimmt. Beim Abspielen der Aufzeichnung lassen sich inhaltliche, logische wie rhetorische Fehler erkennen und dann auch verbessern, und mit jedem neuen Vorsprechen prägt sich die Rede besser ein. Nach einer gewissen Übergangszeit können dann die Stichwortzettel weggelassen werden. Dadurch kann sich die Rede an den auswendiggelernten Stichworten entlang frei entwickeln und wird offen für Unvorhergesehenes: Zwischenrufe, Lachen, Husten, herumtollende Kinder oder fragende Gesichter, die nach einer eingängigeren Formulierung heischen.

Präsenz bei der Performance

Ein Ritual lässt sich verstehen als Gesamtkunstwerk. Darin versammeln sich ästhetische, symbolische, leibliche, rhetorische, bewusste und unbewusste Anteile. Die/der Leiter:in einer solchen Performance, einer leiblichen Inszenierung, verkörpert eine bestimmte Rolle in Verbindung mit dem Ort der Feier, dem Licht, der Musik, den eingesetzten Zeichen und Symbolen wie den Mitfeiernden. Die Metapher von einem Katalysator, einem chemischen Element, das für eine Reaktion notwendig, aber nicht ausreichend ist, erweist sich dafür in mancherlei Hinsicht als passend. Oder die einer Dirigentin, die verschiedene Stimmen und Stimmungen zu einem Kunstwerk zusammenführt.

Im Zusammenspiel solcher Faktoren vermag sich ein Ritual zu entfalten, das alle in Bann zieht, berührt und verändert. An der ›liturgischen Präsenz‹, die mit dem Leib, der Stimme, dem Auftreten, der Position im Raum wie dem eigenen Rollenbild zusammenhängt, lässt sich arbeiten.

Wie bei allem, was man gern tut, wird sich mit der Zeit ganz von selbst der Impuls einstellen, die eigenen Kenntnisse zu vertiefen, Hintergründe zu verstehen, neue Ansätze zu entdecken, das eigene Wissen um Herkunft, Grundlagen und Hintergründe von Ritualen zu erweitern. In den letzten drei Jahrzehnten hat sich die Wissenschaft aus ganz verschiedenen Perspektiven dem Phänomen der Rituale neu anzunähern versucht. Die Literatur dazu ist beinahe unüberschaubar geworden. Einiges davon findet sich in den Literaturhinweisen. Der Wert der Literatur für die persönliche Weiterbildung ist aber begrenzt. Bei allem Verständnis dafür, komplexe Zusammenhänge zwecks Veranschaulichung zu vereinfachen: Die allermeisten solcher Versuche ergeben doch eher schiefe und einseitige Bilder.

Zusammenfassung

Rund um das Feiern von Ritualen lassen sich mannigfaltige Felder zur Aus- und Weiterbildung finden. Grundlegend und unverzichtbar sind eine solide Ausbildung in Gesprächsführung, ein vertrauter Umgang mit der eigenen

Stimme und der eigenen Präsenz sowie eine Hinführung zum freien Reden. Theoretische Hintergründe zur Ritualforschung können dann je nach Interesse peu à peu hinzukommen. Den eigenen persönlichen wie beruflichen Hintergrund und dessen Einfluss auf Rituale zu reflektieren und zu verstehen, ist ein stetig erweiterbares Übungsfeld.

Supervision der eigenen Arbeit

Nicht wenige entschließen sich, den Beruf eines/r freien Redner:in dauerhaft zu ergreifen, weil sie bei ihren ersten Feiern begeisterte Rückmeldungen bekommen, die geradezu süchtig machen können. Aber solche Rückmeldungen haben nur einen begrenzten Wert als Aussage über die Qualität der eigenen Arbeit. Denn wer würde schon – außer bei wirklich heftigen Schnitzern – die eigene Trauung, das Willkommensfest des eigenen Kindes oder gar die Beerdigung eines engen Angehörigen schlechtmachen wollen?

Schon eine etwas freiere Form mit ein wenig mehr persönlichem Inhalt als gewohnt reicht aus, um manche enthusiastische Rückmeldung zu erzielen. Niemand sollte sich auf Dauer davon blenden lassen, allein daran schon die Qualität des eigenen Feierns festzumachen.

Bei allen Berufen, in denen der Umgang mit Menschen im Vordergrund steht, seien es Pflegekräfte, Ärzt:innen, Erzieher:innen, Therapeut:innen oder Seelsorger:innen, gehört eine Supervision zum Einmaleins der Tätigkeit. Dabei wird mit Hilfe eines von außen kommenden ausgebildeten Supervisors bzw. einer Supervisorin regelmäßig die eigene

Rolle in den Blick genommen – also was frau oder man mit den Menschen macht, wie umgekehrt, was die Menschen mit einem machen.

Ohne eine solche ständige Begleitung und Qualitätssicherung schleichen sich unweigerlich Fehlhaltungen ein, die sich zu verfestigen drohen, da die eigenen blinden Flecken im Umgang mit anderen hartnäckig im Dunkeln bleiben. Verbitterung, Zynismus, Burnout, Abgestumpftheit und Resignation, Machtmissbrauch und Autoritätsgehabe sind mögliche Folgen. Ein qualifizierter Blick von außen auf die eigene Arbeit stellt ein wesentliches Qualitätsmerkmal für alle Berufe dar, die mit Menschen zu tun haben. Dies gilt uneingeschränkt auch für den neuen Beruf eines Freien Theologen, einer Rednerin, eines Zeremonienleiters oder einer Ritualdesignerin. Und so stellt sich die Frage, wer in diesem speziellen Fall die/der Richtige für eine qualifizierte Rückmeldung sein könnte.

Supervision: den Umgang mit Menschen höher schätzen als den mit Maschinen

Da sich das Berufsfeld noch in Entwicklung befindet, mag eine erste Antwort lauten, sich regelmäßig mit Kolleg:innen aller Couleur für eine Intervision zu treffen. Also sich fachintern auszutauschen, auf dem Laufenden zu bleiben, für eine interne Weiterbildung zu sorgen, sich bei manchen Feiern gegenseitig zu besuchen, um anschließend im Austausch darüber voneinander lernen zu können.

Die Freien Theolog:innen, die sich seit 2002 als Arbeitsgemeinschaft zusammengeschlossen haben, geben nicht zuletzt diesem Anliegen breiten Raum. Lokale Gruppen, die über ein loses Kennenlernen und den üblichen Smalltalk unter Kolleg:innen – Was ist dein Honorar, was war dein peinlichster Moment, wie viele Feiern machst du im Jahr? – hinausreichen, sind ein anderes unverzichtbares Standbein, um die Qualität der Feiern zu erhöhen.

Ein wichtiger Bestandteil der Arbeit mit Menschen besteht in der Fähigkeit, sich immer wieder selbst zu hinterfragen. Wie ist mein Umgang mit den Menschen und worin gründet er? Was ändert sich daran, wenn sich die eigene Person verändert? Wie feiere ich Rituale und auf welchem Hintergrund? Was hat sich daran im Laufe der Zeit verändert und weshalb? Wie reagiere ich auf Lob und Kritik? Was bringt mich dazu, Vorgehensweisen zu überdenken und gegebenenfalls zu ändern? Wo finden sich Anregungen, welcher Art auch immer, die mich beim Begehen von Ritualen inspirieren, mir Mut machen Neues auszuprobieren bzw. Gewohntes zu lassen?

So entscheidend Mut und Offenheit für regelmäßige Selbstreflexion auch sein mögen, so ersetzen sie doch niemals eine kollegiale Intervision oder gar eine professionelle Supervision. Die eigene Betriebsblindheit lässt sich nur mit Hilfe anderer stückweise erkennen und bearbeiten.

Zusammenfassung

Wer beruflich mit Menschen arbeitet, für den/die gehört in jedem Fall eine regelmäßige Supervision – eine professionelle Begleitung, die das eigene Handeln zu reflektieren hilft – dazu. Das gilt uneingeschränkt auch für all diejenigen, die in Gesprächen Rituale vorbereiten und Menschen durch anspruchsvolle Situationen hindurchgeleiten.

Speziell für die Form dieser Feiern scheint – über eine regelmäßige Intervision, den Austausch mit Kolleg:innen, hinaus – eine Art ›liturgische Supervision‹ vonnöten. Damit ließe sich nicht nur die Qualität der Feiern verbessern, sondern auch deren Niveau ständig erhöhen. Vielleicht wäre es sogar möglich, eine solche Art der ständigen Begleitung zusammen mit anderen Ritual-Anbieter:innen fest zu verankern.

III. Einblicke

Wer Rituale leiten kann

Blick zurück

In Deutschland existieren etwa seit dem 18. Jahrhundert – ausgehend von den Freimaurern – Redner, die von den Kirchen unabhängige Trauerfeiern gestalten. In der DDR entstehen daraus dann »humanistische Redner«, die explizit gegen Angebote der Kirchen in Stellung gebracht werden. Anfang der 1980er-Jahre werden in Westdeutschland einzelne Personen angefragt, ob sie nicht Trauerfeiern abseits des klassischen Mainstreams halten können. Kurz danach wird die BATF – die Bundesarbeitsgemeinschaft Trauerfeier – gegründet, ein Zusammenschluss von Trauerredner:innen. Nicht viel später kommen Anfragen hinzu, auch Trauungsfeiern zu gestalten. Anfang 2002 wird dann die AGFT – die Arbeitsgemeinschaft Freier Theolog:innen – gegründet, ein Zusammenschluss von Theolog:innen, die vor allem Trauungen gestalten. Die AGFT hat die Corona-Pandemie leider nicht überlebt.

> »Kommt, kommt,
> wer ihr auch sein mögt,
> Wanderer, Anbeter, alle,
> die den Abschied lieben.«
>
> (Rumi)

Seit etwa 2010 wächst die Zahl von Frauen wie Männern in Deutschland, der Schweiz und Österreich, die bereit sind, Neue Rituale vorzubereiten und zu feiern. Ihre berufliche Herkunft wie ihr sozialer Hintergrund sind äußerst bunt und vielgestaltig.

Blick ins Heute

Im Gegensatz zu anderen neu entstehenden Berufen – etwa den Supervisor:innen – wurde bisher bewusst auf die Bildung verschiedener Schulen oder auf den Versuch einer ›unguten Professionalisierung‹ verzichtet. Dies geschah und geschieht aus zwei Gründen. Zum einen eingedenk der eigenen Wurzeln: Die ersten Trauerredner:innen wie Freien Theolog:innen wurden spontan angefragt. So, wie es heute noch vielen ergeht, die diesen Beruf neu ergreifen. Der andere Grund besteht aus einer prinzipiellen Erwägung. Gerade weil die Feier von Ritualen eine grundlegende menschliche Konstante darstellt, kann und soll prinzipiell jede und jeder, die über eine gewisse Offenheit zum Dazulernen verfügen, Rituale feiern können.

Wer sich nun stirnrunzelnd um die Qualität von Neuen Ritualen sorgt, dem sei gelassen entgegnet, dass eine akademische Ausbildung, wie sie etwa Pastor:innen durchlaufen, nicht von vornherein für eine höhere Qualität von Feiern bürgt, wie ja bisweilen zu sehen ist. Was nicht bedeutet, dass es nicht auch hervorragende kirchliche Feiern und haarsträubende Neue Rituale gibt. Dennoch: Je mehr Menschen sich trauen, Neue Rituale zu feiern und darüber in einen Austausch zu treten, desto höher wird die Wahrscheinlichkeit, dass sich die Qualität dieser Feiern stetig verbessert.

Wenn sich heute also Sänger:innen, Eventmanager:innen, Theolog:innen, Supervisor:innen, Schauspieler:innen, Bestatter:innen, Pädagog:innen oder wer auch immer angesprochen fühlen, Rituale für andere zu entwerfen und zu feiern, dann bringen sie neben ihren menschlichen Erfahrungen auch ihre beruflichen Hintergründe ein, die dafür sorgen, dass die Neuen Rituale bunt, experimentierfreudig, offen für Neues, Ungewohntes und anderes sind und bleiben.

Die einzige Voraussetzung scheint neben Mut und Freude am Neuen darin zu liegen, sich offen und regelmäßig mit anderen Kolleg:innen austauschen zu wollen, um so von- und miteinander zu lernen. Dabei wird es nicht zuerst um Richtig oder Falsch gehen, sondern darum, Stück für Stück herauszufinden, was zur eigenen Persönlichkeit wie zu den Menschen passt, für die und mit denen die Rituale gestaltet werden.

Blick voraus

Dieser – sicher bisweilen unkoordinierte – Prozess der Entwicklung Neuer Rituale fußt neben der Offenheit zum Austausch auf einer prinzipiellen Unabschließbarkeit dieser Entwicklung. Je mehr Menschen sich von diesem neuen Beruf angesprochen fühlen, aus verschiedenen Ländern, mit verschiedenen Sprachen, Kulturen, Religionen, Haltungen, desto vielfältiger, experimentierfreudiger und bunter werden sich die Neuen Rituale entwickeln. Solange sich niemand anmaßt – aber wer sollte das auch sein? –, diesen Prozess als abgeschlossen zu betrachten und die Entwicklung stoppen oder in feste Bahnen lenken zu wollen, wird sich diese einmal angestoßene Dynamik ausbreiten – und übrigens auch alte Rituale neu aufblühen lassen.

Zusammenfassung

Prinzipiell kann jede und jeder ein Ritual entwerfen, leiten und feiern. Es braucht dafür weder eine bestimmte Ausbildung noch eine besondere Begabung. Auch der berufliche

Hintergrund spielt dabei keine wesentliche Rolle. Die ehemals so hochstilisierte Figur eines Pfarrers bzw. einer Pastor:in wird dadurch demokratisiert und für alle zugänglich.

Wer bereit ist zu einem regelmäßigen Austausch mit Kolleg:innen aller Art wie für ein lebenslanges Dazulernen in diesem Berufsfeld, trägt die entscheidenden Kompetenzen bereits in sich. Was die Qualität der Feiern angeht, wird durch die vielfältigen Einflüsse und Anregungen, die sich gegenseitig befruchten, mit der Zeit weitgehend von selbst ein Niveau erreicht werden, das keinen Vergleich scheuen muss.

Zeiten und Orte für Neue Rituale

Schaut sie in die Geschichte zurück, egal in welche Epoche und egal wie weit innerhalb der Menschheitsgeschichte, stößt jede unvoreingenommene Beobachterin unweigerlich auf Rituale. Viele davon sind sehr mächtig und bestimmend für die jeweilige Gruppe, Gesellschaft oder Zivilisation.

Bei einem Blick in die heutigen modernen Gesellschaften wirkt dies zuerst anders. Die prägende Kraft der Religion nimmt zumindest in Westeuropa immer mehr ab; althergebrachte Regeln und Bräuche lösen sich auf, der Individualismus und die Möglichkeit, selbst zu entscheiden, breiten sich immer weiter aus. Aber schon bei einem zweiten Blick fällt auf, dass sich zwar große Verschiebungen ereignen, dass einstmals Festgefügtes bröckelt, dass aber die Grundgegebenheit erhalten bleibt – nämlich dass Menschen in Ritualen ihrem Leben bewusst Gestalt geben.

Wenn Forscher heute feststellen, dass wir aufgrund der Trägheit unseres Gehirns – das stets versucht, Energie zu sparen – den größten Teil des Tages beinahe unbewusst verbringen, hängt dies direkt mit Routinen, aber auch mit alltäglichen Ritualen zusammen, die uns entlasten und den Tag strukturieren. Will man eine Unterscheidung zwischen Alltagsroutinen und Ritualen treffen, etwa zwischen dem morgendlichen Zähneputzen und einem bewusst gestalteten Einstieg in den Tag, so sind a) eine emotionale Beteiligung und b) eine empfundene Sinnhaftigkeit Kriterien dafür. Der eine kann seinen Morgenkaffee im Vorbeigehen in sich hineinschütten, während die andere sich bewusst Zeit dafür nimmt, um an einem schön gestalteten Ort den beginnenden Tag gelassen anzugehen. Von außen gesehen ist beides das Trinken eines Morgenkaffees. Aber hier ist es reine Routine, dort ein bewusstes Ritual.

Ein Mensch: zwei Rituale

Gerade in Gesellschaften, wo Arbeit und Wirtschaft sich als Mittelpunkt des Lebens aufspielen und Freizeit allein der Erholung für weiteres Arbeiten dient, erhalten Rituale als Auszeiten, als bewusste Ausbrüche aus einer alles umklammernden Funktionalität ihren besonderen Stellenwert. Sie verweisen darauf, dass Menschsein mehr bedeutet, als nur zu funktionieren.

Strukturierung der (Lebens-)Zeit

Denken wir an die Himmelsscheibe von Nebra, an Stonehenge oder an die vergoldeten Spitzen ägyptischer Obelisken, auf die die Sonne am Morgen als Erstes schien, dann wird der Zusammenhang von Ritualen und Strukturierung der Zeit mit Händen greifbar. Sonnenwenden, Tag- und

Nachtgleiche, Vollmond, die Jahreszeiten in ihrem Wechsel – all dies wurde rituell begangen. Aus diesem Grund wird etwa immer noch Weihnachten kurz nach der Wintersonnenwende oder Ostern nach dem ersten Frühlingsvollmond gefeiert. Auch das persönliche Leben wird von wiederkehrenden Ereignissen bestimmt: Geburtstage, Jubiläen, Kennenlern- und Hochzeitstag etc. …

Aus dem ›Einerlei der Zeit‹ entstehen durch wiederkehrende Rituale Festtage, besondere Zeiten, hervorgehobene Phasen innerhalb eines Lebens, eines Jahres, einer Jahreszeit. Durch die Verflüssigung traditioneller Deutungen und herkömmlicher Religiosität wächst zügig ein weites Feld, um persönliche Rituale zu entwickeln und zu begehen. Nicht für jede dieser manchmal sehr persönlichen Feiern wird jemand von außen benötigt. Jede und jeder ist vielmehr durch diese Entwicklung eingeladen, selbst zum Gestalter, zur Gestalterin eigener Rituale zu werden, die dem Leben Struktur, Tiefe und Bedeutung verleihen.

In allen Kulturen und Gesellschaften werden die vier großen Übergänge innerhalb eines menschlichen Lebens als wichtige Orte für Feiern bestehen bleiben: die Geburt, das Erwachsenwerden, die Hochzeit als Feier der Liebe und der Tod. Allerdings wird sich die Deutung dieser Übergänge und damit auch die Art der Feiern verschieben, weiterentwickeln und in vielem anders gestaltet werden, als es bisher üblich war.

Bei aller Individualität, bei aller Buntheit der Rituale, aller Verschiedenheit der Hintergründe und Kulturen bleiben diese vier Übergänge die Knotenpunkte menschlicher Existenz. Sie verlangen nach einer Deutung und damit nach einer wie auch immer gearteten besonderen Gestaltung. Darüber hinaus gibt es unzählige weiterer solcher Schwellensituationen – Umzüge, die Pensionierung, neue berufliche Entwicklungen, eine neue Beziehung, um nur einige anzudeuten.

Rituale im öffentlichen Raum

Rituale finden sich, ja bilden sich beinahe wie von selbst an allen wichtigen öffentlichen Orten. Etwa in Fußballstadien mit den Fangesängen und ihren einstudierten Choreographien, den Trikots der Mannschaften bin hin zu individuellen Ritualen der einzelnen Sportler:innen. Natürlich gibt es Rituale besonders beim Militär, dessen Hierarchie durch Abzeichen, Ordnungen des Grüßens etc. gekennzeichnet ist; man sieht sie beim Marschieren im Gleichschritt, beim Zapfenstreich, beim Verabschieden der Gefallenen, beim Verleihen von Orden. Aber auch im Gericht herrschen Rituale, bedenkt man die Roben der Richter:innen oder dass man sich erhebt, wenn das Gericht einzieht oder das Urteil verkündet. Sei es in der Oper oder im Rockkonzert, in der Politik, an den Universitäten oder in den Religionen – überall haben sich eigene Rituale herausgebildet, um Abläufe zu strukturieren oder Machtgefüge deutlich zu machen.

All das, so wird sich vielleicht manche/r sagen, mag zwar stimmen – aber was hat das mit Neuen Ritualen zu tun? Nun, haben wir uns erst einmal bewusst gemacht, wie sehr das Leben von großen und kleinen Ritualen geprägt wird und dass viele von ihnen sich gerade verändern, ergibt sich daraus die Chance, mit kleinen Neuerungen Dinge in eine andere Richtung zu lenken.

Wie wäre es etwa, bei einem Staatsbesuch die Gäste zukünftig nicht mehr wie bisher mit einer militärischen Formation zu empfangen, sondern mit einem bunten Spalier aus Kindergartenkindern, Jugendlichen, Menschen mit Handicaps und Alten? Oder wie sähe es aus, wenn in Unternehmen einmal im Jahr für drei Tage alle Rollen getauscht würden – der Chef die Toiletten putzte und das Personal des Facility Managements sich in der Chefetage um Entscheidungen kümmerte? Oder wie wäre es, wenn sich der hohe Klerus der römisch-katholischen Kirche – Bischöfe, Kardinäle, der Papst – zur Abwechslung einmal selbst ein mehrjähriges Bußschweigen in sexualethischen Fragen auferlegte?

Zusammenfassung

Wo auch immer Menschen leben, entstehen Rituale: im Privaten oder in der Öffentlichkeit. Sie strukturieren den Tag, gliedern die Zeit, manifestieren Macht, machen Rangfolgen sichtbar, helfen über Lebensschwellen hinweg. Durch die fortschreitende Individualisierung wie durch die Verdunstung von Religion verlieren viele der bisherigen Rituale ihre Deutungskraft und damit ihre Bedeutung. Dies eröffnet die Chance, durch Neue Rituale das Leben im persönlichen wie im öffentlichen Bereich anders als bisher zu gestalten und die Akzente bewusst auf anderes zu legen.

Konkretisierungen

In kaum einem Buch über Rituale finden sich konkrete Schilderungen einzelner Feiern. Nicht ohne Grund. Zum einen entwickelt jede und jeder einen eigenen Stil und zum anderen unterscheidet sich jede Feier von allen anderen, da sie von anderen Personen vorbereitet und an anderen Orten mit anderen Menschen gefeiert wird. Wenn hier im Folgenden dennoch ein paar konkrete Feiern deutlicher skizziert werden, so nicht, um diese als exemplarisch hervorzuheben, sondern um einen Einblick in eine mögliche Vorgehensweise zu geben.

Ach, so gestaltest du das?

Geburtsfeier

Bei der Feier einer Geburt steht vor allem das Neue im Mittelpunkt, das Staunen über ein neues Leben, das, wie klein auch immer, das Leben der Eltern von Grund auf umkrempeln wird. Ein sprechendes Zeichen hierfür ist der Name, der für das Kind ausgesucht wurde. Je nach den Mühen um eine Schwangerschaft oder der Schwere der Geburt schwingen jedoch häufig dunkle Seiten von Bedrohung und Tod mit hinein. Die spezifische Tönung und Art der Feier entwickelt sich aus dem Gespräch mit den Eltern und Paten, aus deren Wünschen, Ideen und Vorstellungen, und aus dem Ort, an dem die Aufnahme in die Gemeinschaft der Familie und Freund:innen gefeiert werden soll.

Die Eltern mit den Paten, den Großeltern, den Familien wie den Freund:innen trafen sich in einem kleinen Weingut. Die Gruppe saß in einem Kreis auf Stühlen unter einem Dach im Freien. Auf einer großen Krabbeldecke in der Mitte lag fröhlich krähend die kleine Tochter. Schwangerschaft und Geburt waren wie im Bilderbuch verlaufen, das Mädchen ein Wunschkind, die Beziehungen zu Eltern und Verwandten prächtig, die Freude über die Geburt riesengroß.

Entsprechend muss mein Gesicht ausgesehen haben, als nach einem ersten Lied auf eine fröhliche Begrüßung hin alle in lautes Schluchzen ausbrachen. Außer der Kleinen und mir waren alle völlig aufgelöst. Es dauerte einige Zeit, bis sich meine Verblüffung löste und ich den Grund nachvollziehen konnte: Alle waren so vom Neuen, von diesem Baby hingerissen, dass sie Glückstränen weinten!

Als Text hatten sich die Eltern das Märchen vom Rumpelstilzchen ausgesucht, sodass die Ansprache vom Geheimnis des Neuen handelte, für das ein Name nur ein notdürftiges Etikett ist. Nach einem weiteren Lied und den persönlichen Versprechen der Eltern und Paten wurde von den Eltern eine Kerze mit dem Namen und dem Geburtsdatum des Mädchens entzündet.

Anschließend nahmen alle Mitfeiernden einen Zipfel der Decke, auf dem das Mädchen lag, in ihre Hände. Wir hoben die Kleine vorsichtig darin hoch, um sie behutsam hin und her zu schaukeln. Da sie das sichtlich genoss, zogen wir vorsichtig die Decke gleichzeitig an, sodass sie leicht nach

oben hüpfte, um wieder sanft in der Decke zu landen. Auch dies quittierte sie mit triumphalem Gequieke.
Nach spontanen guten Wünschen, die jede/r vom Platz aus frei sagen konnte, und einem Schlusswort endete die Feier mit einem letzten Lied. Und wurde in einem wild-vergnügten Fest weitergeführt.

Die von allen gehaltene Decke, in der das Mädchen lag, zuerst sacht gewiegt, dann mit sanftem Schwung nach oben geworfen, symbolisiert das Beziehungsnetz, von dem, in dem und aus dem wir alle leben – besonders ein kleines Kind, für dessen Erziehung, wie ein afrikanisches Sprichwort sagt, ein ganzes Dorf gebraucht wird.

Hochzeit

Im Zentrum jeder Trauungszeremonie steht die Liebe, das Leben als Austausch, als intensive Kommunikation. Je mehr dies in der Feier Raum erhält und im Raum sichtbar wird, desto mehr wird eine Trauung Schwung und Tiefe erhalten.

Die zwei waren Oldtimerliebhaber und hatten sich darüber kennengelernt. Ihr besonderes Hobby waren Amphi-Cars: Autos, die schwimmen können. Darum trafen sich die Mitfeiernden auf einer kleinen Rheininsel, die über einen schmalen Damm zu erreichen war, während Bräutigam, Braut und Trauzeugen mit ihren geschmückten Amphibien-Autos einzeln durch den Rhein zur Insel herüberfuhren.

Nach der Begrüßung dort ging es zur Musik einer Band zum Ritualort, wo alle Mitfeiernden in einem Halbkreis auf Bänken saßen, während das Paar mit den Trauzeugen rechts und links auf Stühlen Platz nahm, ihre Gesichter den Gästen zugewandt. Natürlich drehte sich die Ansprache – neben der persönlichen Kennenlerngeschichte, dem Paarprofil und ihren Wünschen für die gemeinsame Zukunft – um den Übergang, den eine Hochzeit darstellt. Nach einem Spruch über die Ringe folgte ein von den beiden persönlich formuliertes Trauversprechen mit dem Ringtausch als Höhepunkt der Feier. Ein zweiter Höhepunkt ergab sich aus den guten Wünschen, die die Mitfeiernden von ihren Plätzen den beiden spontan zuriefen. Nach jedem Wunsch antworteten alle gemeinsam als Verstärkung »Das wünschen wir euch!« und ließen dazu Seifenblasen in den Himmel steigen.
Nach einem Schlusswort und den Hinweisen des Paares, wie die Feier weitergehe, stiegen sie dann zusammen in ein Amphi-Car, um gemeinsam in den ›Hafen der Ehe‹ einzufahren.

Die Kombination aus dem Hobby des Paares und dem besonderen Ort prägten diese Feier von Anfang bis Ende. Ohne Worte war der Übergang, den eine Hochzeit für jedes Paar – wie für ihre Familien, die Freunde und die Gesellschaft – bedeutet, jeder und jedem deutlich vor Augen.

Trauerfeier

Auch bei Trauerfeiern steht – so seltsam das klingen mag – das Leben im Mittelpunkt: das Leben des/der Toten, das es zu ehren und zu würdigen gilt, wie das Leben der Trauenden, die Möglichkeiten und Raum brauchen, um ihre Trauer zulassen und in ihrem je eigenen Tempo leben zu können. Hilfreich erweist sich dabei, selbst etwas tun zu können: von der Verabschiedung der Toten über das Schmücken des Sarges und das Tragen der Urne bis zur persönlichen Gestaltung der Trauerfeier.

Bei einem noch jungen, kinderlosen Paar war völlig unerwartet der Mann gestorben. Seine Frau stand sichtbar unter Schock, rang mit ihrer Fassung, war jedoch schon beim Trauergespräch von einem engmaschigen Netz von Freund:innen umgeben, die sie stützten und ihr Mut gaben. Seine Urne sollte im kleinen Kreis ohne weiteres Ritual in einem Friedwald beigesetzt werden, die Trauerfeier hingegen im Abschiedsraum eines Bestattungsinstitutes stattfinden.
Im Trauergespräch in großer Runde wurde die enge Verbundenheit deutlich und der Wille, diese auch bei der Trauerfeier aufscheinen zu lassen. Im eher gedrängten Raum des Bestattungsinstitutes ergab sich dann wie von selbst eine intime Atmosphäre. Statt einer ›klassischen Ansprache‹ einigten wir uns auf eine abgestimmte Erzählrunde, deren Beginn und Schluss von mir übernommen wurde, während dazwischen fünf kurze, sehr persönliche, mal eher witzige, mal ernste Erzählungen der Freund:innen

über den Verstorbenen vorgetragen wurden. Wie bei einem Mosaik ergab sich dadurch ein vielfarbiges Bild des Toten aus verschiedenen Perspektiven und mit verschiedenen Akzenten.
Während des anschließenden Liedes wurden mit einem Beamer Bilder aus seinem Leben auf eine Wand projiziert. Am Ende der Feier konnten alle, die dies wollten, zu den persönlichen Lieblingsliedern des Verstorbenen nach vorn kommen, um seine Urne ein letztes Mal zu berühren und ihm einen Satz mitzugeben, sei es still, gemurmelt oder vernehmlich. Es war beeindruckend, mitzuerleben, wie Leben und Tod dabei Hand in Hand gingen …

Durch die Gestaltung dieser Trauerfeier wurde sowohl sichtbar, wie stark der Tote in seinem Freundeskreis verwurzelt war, als auch, wie er beruflich und privat gewirkt hatte: Durch die Einladung, am Ende des Abschiedsrituals seine Urne zu berühren, wurde das Unbegreifbare dieses plötzlichen Todes zumindest ein wenig greifbar.

Umzug

Wie in einem Brennglas zeigt sich bei einem Umzug die Grundstruktur einer Übergangssituation, also des natürlichen Orts eines Rituals: das Verlassen einer alten, vertrauten Umgebung, eine unsichere, labile Zwischensituation und ein langsames Herantasten ans Neue – eine neue Wohnung, eine neue Umgebung, andere Menschen, einen neuen Ort.

Wer häufiger umzieht, entwickelt wie nebenbei Rituale, um mit diesen Wechseln zurechtzukommen. Beginnend mit einem festen Zeitpunkt vor dem Umzug, an dem die Kartons besorgt werden, über das Durchschauen und Aussortieren der Besitztümer, die konkrete Planung des Umzugs bis hin zu einem Abschiedsfest in der mehr oder minder auf den Kopf gestellten Bude mit jenen Menschen, die einem vor Ort wichtig wurden, oder mit einer persönlichen Verabschiedung bei den Nachbarn und Freund:innen.
Sind alle Kartons gepackt und die Möbel so weit transportfähig, strukturiert sich auch der Umzugstag selbst durch kleinere oder größere Rituale – sei es, dass ein Umzugsunternehmen engagiert wurde oder dass der Umzug mit Hilfe von Freund:innen bewerkstelligt wird. Oft spielt ein letztes Essen im alten und ein erstes Essen im neuen Heim eine Rolle; ein letzter Durchgang durch die leeren Räume, ein symbolisches Säubern und Lüften, ein Abschiedslied oder ein letzter Blick aus dem Fenster. Sind dann die neuen Räume so weit eingerichtet, die Möbel neu arrangiert, die meisten Kartons ausgepackt, kann ein wie auch immer geartetes Ritual der ›Inbesitznahme‹ der neuen Wohnung stattfinden. Das mag ein Fest für die Umzugshelfer sein, das erste festliche Mahl mit Freund:innen oder der Familie, das Aufhängen von Bildern als letzter Akt der Einrichtung, eine Begehung der eingerichteten Wohnung mit Freund:innen oder eine Fête zur Einweihung.

Besonders in Übergangs- und Umbruchssituationen – seien sie eher äußerlich wie bei einem Umzug oder eher inhaltlich wie bei einer Pensionierung, einer Erkrankung, einer Krise oder einer persönlichen Weiterentwicklung – bilden sich meist unter der Hand Rituale, die diese Übergänge abfedern, greifbar und lebbar machen.

Zusammenfassung

Konkrete Feiern hängen stets mit den ausführenden Personen, dem Ort wie dem Anlass zusammen. Was für die eine passt, kann für den anderen unmöglich sein. Deshalb können Berichte von Ritualen immer nur Anregungen geben, Anlass sein, Eigenes zu überdenken, auf neue Gedanken zu kommen, ohne irgendeine Vorbildfunktion zu behaupten.

Ausblick

Wohin geht die Entwicklung, was den Beruf einer Freien Theologin angeht? Welche Entwicklungen werden Rituale in der Zukunft nehmen? Wie sind die Perspektiven, wenn wir die Situation in unserer Gesellschaft und weltweit in den Blick nehmen und dies zusammendenken mit dem, was Rituale können und wie sie sich immer wieder geschmeidig dem Neuen anpassen?

Utopien führen aus dem heute Üblichen in ein Land des jetzt noch Unmöglichen, an einen ›Noch-nicht-Ort‹, wie das Wort *Utopie* übersetzen werden kann. Genau dieser Perspektivenwechsel, dieses Hinüberschauen in ein völlig verrückt scheinendes Morgen macht die Stärke von Utopien aus.

Ein altes chinesisches Sprichwort, das von der umstürzenden Kraft solcher Utopien und Visionen weiß, lautet: »Träume haben Drachenzähne.« Träume, Visionen, Utopien – und werden sie zu Beginn auch nur von einigen wenigen Menschen geteilt – bergen in sich die Kraft, anscheinend Unveränderliches umzustürzen und mitten im Alten Neues entstehen zu lassen.

»Träume haben Drachenzähne.«
(Chinesisches Sprichwort)

KRAFTBILD

In den letzten Septembertagen schwang er sich auf sein Rad. Endlich!
Tag um Tag, Woche für Woche, Monat für Monat, bei wechselnden Jahreszeiten, des Morgens wie

des Abends, hatte er, manchmal verträumt, meist sehnsüchtig, gelegentlich scharf hinblickend, jenes U-förmige Tal angeschaut, jene sanft gezeichnete Mulde, die in den Hügelketten gegenüber zunächst seine Aufmerksamkeit, dann sein Gefallen und schließlich seine Sehnsucht hervorgerufen hatte.

Diese eigenartige Melange aus Düften und Sehnsüchten, Abenteuerlust und Aufbruch, die er mit den Tagen in sich hatte reifen lassen, bis am Ende unklar wurde, wer hier wen anschaute, bereitete ihm eine wachsende Freude. Dies war seine Art der Vorbereitung, von der er wusste, dass sie die entscheidende war. Nun denn!

Derart genährt fuhr er hinauf über Hügel und Höhen, herab durch Wald und Wiesen, Schattierungen und Gerüche, über Rad-, Fuß- und Wanderwege nach oben, keuchend, schiebend und zerrend, dann wieder mühelos in Schleifen hinabsausend, immer seinem Ziel – jenem herrlichen, U-förmigen Hügeltal – entgegen.

Je näher er ihm zu kommen glaubte, jetzt noch diese Biegung, jener Hügel dort, auf diesem Waldweg ein wenig höher, nur noch um diese allerletzte Kurve herum, desto weiter entfernte sich sein Traum. Er bekam ihn nicht zu fassen. Inmitten des welligen Auf und Ab verlor er gänzlich den Überblick.

Tags darauf, ein klarer Herbstabend, als der Blick sich wie gewohnt am Hügelhorizont gegenüber verlor, die unverblümte Einsicht: Dieses sein Tal war

allein der Perspektive geschuldet, gerade jetzt deutlich zu erkennen am nuancenfeinen Unterschied der Blautöne, die, kaum voneinander geschieden, dennoch zu zwei verschiedenen Abschwüngen gehörten.
Überraschtes Durchatmen. Sein inneres Bild war so viel größer geworden, das Warten so erfüllend, die Suche so anregend. Und nun das!
Leise lächelnd erinnerte er sich an die hartnäckige Suche irischer Mönche nach der ›Insel der Seligen‹ irgendwo im Westen, die sie aus ihren Klöstern hinaustrieb, stets zu zwölft in ihren rundlichen Lederbooten, hinüber bis nach Island und Grönland, ja, weiter hinaus bis nach Amerika.
An einer solchen unvernutzbaren Kraft hatte er unbeabsichtigt teilgehabt, an einem Bild, einer Vision, von der Weite der Landschaft und des Meeres genährt, dann unaufhaltsam darüber hinauswachsend, mit der Macht, Landschaft, Menschen und Zeit umzugestalten.

Auch Rituale altern. Sie können verfallen, versteinern, sich nach rückwärts wenden. Visionen riechen irgendwann schal, Träume welken. Der Traum etwa vom ›immer mehr, immer weiter, immer höher, immer schneller‹, der die Gesellschaften des Westens geprägt hat, beginnt merklich zu bröckeln.

In unsicheren Zeiten werden Rituale oft nur noch dazu benutzt, um Macht zu zementieren, um sich krampfhaft an das immer Gleiche und Althergebrachte zu klammern, so lange, bis die Chance auf jeden Neuanfang verloren ist. Religionsphilosophisch wird diese Degeneration als »wesenlose Multiplikation« (Bernhard Casper) bezeichnet.

Ein bekanntes Beispiel dafür ist die Osterinsel, berühmt durch ihre Kolossalstatuen, die Moai. Als durch eine wachsende Bevölkerung die Ressourcen immer knapper wurden, bauten die Menschen dort – mit dem Holz der letzten Bäume – immer größere Statuen, um die Götter gnädig zu stimmen. Als Ergebnis des ›immer weiter so‹ brach diese Kultur zusammen.

Neue Rituale

Demgegenüber erweisen sich Neue Rituale als das Mittel der Wahl, um in kritischen Schwellensituationen einen Übergang vom Alten zum Neuen zu inszenieren, um der Utopie Platz einzuräumen, um das Undenkbare aus der Zukunft in die Gegenwart regelrecht hineinzuschmuggeln.

Das lässt sich anschaulich an Neuseeland aufzeigen. Im Glauben, das Paradies gefunden zu haben, rotteten die Polynesier als erste Siedler der Inseln in kürzester Zeit viele Tierarten aus und fällten so viele Bäume, dass sie ihre eigene Lebensgrundlage massiv zu beschädigen drohten. Darauf führten sie ein neues Ritual ein: Sie bezeichneten bestimmte Gebiete der Inseln als »tabu«. Niemand durfte dort hingehen, kein Tier durfte dort erlegt, kein Holz geschlagen werden. Binnen kurzer Zeit erholten sich dadurch der Wald und die Population an Tieren, sodass die Menschen genug zum Überleben hatten.

Heute erscheint die Situation der Menschheit derjenigen der Polynesier damals nicht unähnlich. Hier das Wissen um die Endlichkeit der Ressourcen bei einer ständig wachsenden und mehr konsumierenden Bevölkerung, und dort ein ›immer weiter so‹, dem anscheinend nichts und niemand Einhalt zu gebieten vermag. Viele halten an den immer gleichen Ideen, Vorstellungen und Machtverteilungen fest. Die immer gleichen alten Rituale zementieren das Gestrige anscheinend ohne Alternative.

Es mag einem vorkommen wie jene Szene in der Artussage, als der König erkrankt und mit ihm sein ganzes Reich. Die Burgen bröckeln, die Ernten verfallen, die Menschen leiden Not. Alle fragen den König voller Angst nach seiner Krankheit: seine Ratgeber, die Weisen, die Ärzte, seine Tafelrunde. Alles dreht sich nur um den Verfall – der eben dadurch immer weiter voranschreitet. Plötzlich tritt ein junger, ungestümer Ritter ins Gemach des Königs und stellt die unhöflich direkte, aber einzig wichtige Frage: »Wo ist der Gral?« Das heißt: Wo ist der Mittelpunkt des Lebens? Um was geht es eigentlich? Sofort gesundet der König und mit ihn sein ganzes Reich, erzählt die Legende.

Welche Frage würde es heute wohl schaffen, neue Perspektiven zu eröffnen? Ein ›immer weiter so‹ wird jedenfalls nicht mehr lange funktionieren. Kein Wunder, dass die Kinder und Jugendlichen voller Wut auf die Straßen gehen, während wir ihre Lebensgrundlagen weiter verplempern.

Eine grundlegende Vision in der Arbeit mit Ritualen besteht darin, dass eines Tages alle Menschen dazu bereit und fähig sind, ihre eigenen Rituale sowohl zu gestalten wie zu feiern. Dadurch würde der Beruf eines Freien Theologen, einer Freien Rednerin, eines Ritualdesigners bzw. einer Zeremonienleiterin auf lange Sicht überflüssig. Bis dahin wird es darum gehen, immer mehr Menschen zu ermutigen, sich mit ihren Träumen, ihren Ideen, ihrer Musik, ihren Worten, ihren Emotionen, Hoffnungen und Ängsten selbst in Rituale einzubringen.

Je mehr sich das Wissen um die Grundlagen von Ritualen verbreitet, desto eher werden Menschen eigene Rituale entwickeln und feiern, um Übergänge aller Art bewusst zu begehen.

Die fortschreitende Digitalisierung und das Aufblühen der Künstlichen Intelligenz werden künftig noch mehr als bisher in die Feiern einbezogen werden, ja diese mitgestalten. Schon jetzt gibt es digitale Friedhöfe, lassen sich auf Grabsteinen QR-Codes scannen, um Bilder und Filme der/des Verstorbenen zu sehen, gibt es erste Ansätze, in ein Gespräch mit den Toten zu kommen, wenn es genug Filmmaterial aus deren Leben gibt.

In Japan finden bereits Bestattungsroboter Einsatz, die unter dem jeweiligen Namen des Verstorbenen verschiedene Zeremonien abhalten. Und in absehbarer Zeit wird es möglich sein, sich einen eigenen Avatar zu erschaffen, der auf der eigenen Trauerfeier auftritt oder mit dem Angehörige Jahrzehnte später noch Gespräche führen können. Was heute Beamer und Musikanlagen sind, werden dann animierte Hologramme sein, verblüffend lebensechte dreidimensionale Projektionen der Toten.

Keine Utopie mehr sind Reden, die nach präzisen Vorgaben durch ChatGPT entworfen werden. Und liegen Tonaufnahmen vor, können dank Künstlicher Intelligenz sogar neue Texte mit der Stimme eines verstorbenen Menschen vorgetragen werden.

Die Feier der Verbundenheit

Schaut man auf die Lage der Erde zu Beginn des 21. Jahrhunderts, den von Menschen eingeleiteten Klimawandel und das Artensterben mit all deren politischen, wirtschaftlichen wie sozialen Folgen, dann entsteht wie von selbst der Traum von einem globalen Ritual, das die Wende bringt – einem Neuen Ritual, verbunden mit einer Erzählung, die Menschen weltweit anspricht, berührt und verändert, damit menschliches Leben auf der Erde weiter eine Chance hat. Vielleicht ein dreitägiges Fest der Verbundenheit, nennen wir es hier der Einfachheit halber einmal das ›Eins-Fünf-Fest‹. Symbol dafür könnte eine Hand sein, von der Seite oder von vorn betrachtet. Die Eins steht dabei für die eine Erde, die alles Lebendige miteinander verbindet. Drehen wir die Hand und betrachten die fünf Finger: Die eine Erde besteht aus der alles umfassenden Atmosphäre, aus dem Meer, dem Boden, dem Trinkwasser und aus den Lebewesen, die zusammen eine einzige Biosphäre bilden, untrennbar ineinander verwoben, verzahnt und sich gegenseitig durchdringend. Nicht Konkurrenz oder Wettbewerb, sondern Ko-Existenz, Zusammenarbeit und Zusammenleben bilden die Grundlage allen Lebens auf der Erde.

Am ersten Tag könnte diese Verwobenheit – gemäß den Bräuchen und Kulturen vor Ort – ausgiebig und mit allen rituellen Möglichkeiten gefeiert werden, damit das neue Bewusstsein der Einheit in Fleisch und Blut übergeht.

Am zweiten Tag würden je nach Klimazone, Lage und regionaler Fragestellung detailliert Problemlagen angesprochen, würde gemeinsam nach sinnvollen Lösungsmöglichkeiten vor Ort gesucht.

Der dritte Tag würde der konkreten Umsetzung vor Ort gewidmet, sei es, dass Bäume gepflanzt, Hochwasserbefestigungen errichtet, Trinkwasserreservoirs gebaut, neue Anbautechniken erlernt werden oder Müll beseitigt wird. Wichtig wäre, mit kleinen Schritten sofort zu beginnen, um zu zeigen, dass vor Ort konkrete Veränderungen möglich sind, die dann mit mehr Zeit und Fachwissen ausgebaut werden können.

Ein Teil dieses ›Eins-Fünf-Festes‹ wird es sein, die Forderungen nach Bewahrung der Schöpfung, nach Frieden und Gerechtigkeit politisch vorzubringen – mit Protesten, Boykotten, Demonstrationen, mit gewaltfreien, kreativen Aktionen aller Art, um die politisch Verantwortlichen in diesen Prozess mit einzubeziehen.

Auch wenn sich zu Beginn nur Einzelne in wenigen Ländern beteiligen mögen, wäre dies kein Grund zur Verzagtheit. Bei aufmerksamem Betrachten der Geschichte lässt sich feststellen, dass oft nur wenige Kinder, Männer und Frauen nötig waren, um historische Prozesse umzulenken.

Das Recht auf Rituale

Und um die Vision weiterzuspinnen, die Utopie klarer zu skizzieren: Eines Tages werden die Vereinten Nationen so ein globales Ritual einführen und für alle Völker verpflichtend machen. Sie werden ein ›Recht auf Rituale‹ als Grundrecht verankern, unabhängig von Geschlecht, Religion oder Nation. Jedem Menschen weltweit wird dadurch das Recht zuerkannt, für einige Tage im Jahr die Geburt eines Kindes, das Erwachsenwerden von Kindern, die Liebe zwischen zwei Menschen wie den Tod eines Menschen mit einem Ritual zu begehen. Weiter darf sich jede und jeder drei

Tage frei nehmen für das Fest der Einheit, das alle Menschen, egal welcher Herkunft und Sprache, welchen Glaubens oder Nicht-Glaubens, mit den Tieren, den Pflanzen, den Mikroben, dem Boden, dem Wasser wie der Luft immer enger verbindet, um so die Zukunft allen Lebens auf unserem Planeten neu zu ermöglichen.

Damit einhergehend werden sich Machtstrukturen verändern, Demokratisierungsprozesse sich vervielfältigen, neue Konfliktlösungsmöglichkeiten gefunden. Es wird sich eine nachhaltige Art des Lebens wie des Wirtschaftens entwickeln. Neue Technologien werden so eingesetzt, dass nicht nur einige wenige, sondern möglichst viele Menschen davon profitieren. Jene Unmengen von Geld, die heute noch für Rüstung oder Subventionen von fossilen Brennstoffen verschleudert werden, können dann dafür eingesetzt werden, dass allen Menschen, egal wo sie leben, ein Leben möglich wird, das diesen Namen verdient.

Zusammenfassung

Völlig zu Recht können Rituale als *utopisch* bezeichnet werden, da sie ein Stück der Zukunft so inszenieren, dass es schon hier und heute Wirklichkeit wird. Darum wirken Rituale eminent politisch: Sie tragen in sich eine unschätzbare Kraft zur Veränderung.

Jene alten Rituale, die auf die Macht des immer Gleichen bauen und die dazu genutzt werden, überkommene Machtstrukturen zu erhalten, zerfallen. Es werden sich Neue Rituale entwickeln, um die Erde und ihr vielfältig-vernetztes Leben darauf zu erhalten.

Die konkrete Utopie eines weltumspannenden Rituals, verquickt mit einer Erzählung, in der alle ihren Platz erhalten – Menschen jeder Couleur, jegliche Lebewesen, Wasser, Luft, Boden, die ganze Erde –, klopft an die Tür. Diese Feier wird, wenn auch zuerst nur in kleinen Gruppen, Kreise ziehen und die Zukunft schon hier und jetzt aufleuchten lassen: die Utopie eines Lebens in enger Verwobenheit mit allen und jedem. Ein Leben, das nicht zuerst auf Konkurrenz, Unterwerfung. Gewalt oder Krieg setzt, sondern auf Zusammenarbeit, Koexistenz und Einheit in Verschiedenheit. Rituale werden wesentlichen Anteil an der Gestaltung einer lebenswerten Zukunft haben.

Weiterführende Literatur

Grundlegendes

Udo Becker: Lexikon der Symbole. Mit über 900 Abbildungen, Herder, Freiburg 2000

Gérard de Champeaux / Dom Sébastien Sterckx: Einführung in die Welt der Symbole, Echter, Würzburg 1993

David Graebner / David Wengrow: Anfänge. Eine neue Geschichte der Menschheit, Klett-Cotta, Stuttgart 2022

Dietrich Harth / Gerrit Jasper Schenk: Ritualdynamik. Kulturübergreifende Studien zur Theorie und Geschichte rituellen Handelns, Synchron, Heidelberg 2004

Johan Huizinga: Homo ludens. Vom Ursprung der Kultur im Spiel, Rowohlt, Reinbek 1981

C. G. Jung: Der Mensch und seine Symbole, Patmos, Ostfildern, 24. Auflage 2023

Neil MacGregor: Leben mit den Göttern. Die Welt der Religionen in Bildern und Objekten, C.H. Beck, München 2020

Axel Michaelis (Hg.): Die neue Kraft der Rituale, Universitätsverlag Winter, Heidelberg 2007

Rainer Oberthür: Das Buch der Symbole. Auf Entdeckungsreise durch die Welt der Religion, Kösel, München 2009

Josef Pieper: Muße und Kult, Kösel, München 2010

Martin Schleske: Der Klang. Vom unerhörten Sinn des Lebens, Kösel, München 2010

Zu Geburtsfeiern

Hannah Arendt: Vita activa oder Vom tätigen Leben, Neuausgabe, Piper, München 2020

Zu Hochzeiten

Angelika-Benedicta Hirsch: Warum die Frau den Hut aufhatte. Kleine Kulturgeschichte des Hochzeitsrituals, Vandenhoeck & Ruprecht, Göttingen 2008

Zu Trauerfeiern

Daniela Berg: Begreifen, was nicht ist. E-Mails nach dem Tod meiner Tochter, edition winterwork, Borsdorf 2018

Ulf Nilsson / Eva Eriksson: Die besten Beerdigungen der Welt, Moritz, Frankfurt am Main 2018

Gesine Palmer: Tausend Tode. Über Trauer reden, Palm Art Press, Berlin 2020

Hannes Benedetto Pircher: Sorella Morte. Über den Tod und das gute Leben, Edition Splitter, Wien 2015

Herrad Schenk: Das Haus, das Glück und der Tod, dtv, München 2000

Giannina Wedde: Es wächst ein Licht in deinem Fehlen. Ein Trost- und Trauerbuch, Vier Türme, Münsterschwarzach 2019

Zur Kommunikation

Friedemann Schulz von Thun: Miteinander reden, 4 Bände, Rowohlt, Reinbek 2014